# „KOENIGLICH BERLIN“ 1763–1913

GEDENKBLATT
ZUM 150JÄHRIGEN JUBILÄUM DER
KÖNIGLICHEN PORZELLAN-MANUFAKTUR
BERLIN

ALS FACSIMILE GEDRUCKT
MIT FREUNDLICHSTER FÖRDERUNG DER
KPM KÖNIGLICHEN PORZELLAN-MANUFAKTUR
IN BERLIN

BEARBEITET VON JOSFEF ERZGRABER

VERMEHRT UM EIN VORWORT
VON BUNDESMINISTER OTTO SCHILY
UND BIOGRAPHISCHE ANGABEN
ZU JOSEF ERZGRABER

VERLAG FINCKENSTEIN UND SALMUTH BERLIN

STEFAN GRAF FINCK VON FINCKENSTEIN · JOHANNES FREIHERR VON SALMUTH

BADENSCHE STRASSE 6 · 10825 BERLIN-SCHÖNEBERG · FERNSPRECHER 0 30 / 8 53 30 95 · FAX 8 53 30 99

ISBN 3-934882-12-9 SONDERAUSGABE
ISBN 3-934882-13-7 HALBLEINEN

FACSIMILE DES ORIGINALS VON 1913 VERMEHRT UM DAS VORWORT VON BUNDESMINISTER OTTO SCHILY UND BIOGRAPHISCHE ANGABEN ZU JOSEF ERZGRABER VON STEFAN GRAF FINCK VON FINCKENSTEIN.

NEBEN DER HALBLEINENAUSGABE ERSCHEINEN 150 NUMERIERTE EXEMPLARE ALS SONDERAUSGABE.



BERLIN 2001.

# VORWORT

OTTO SCHILY
BUNDESMINISTER DES INNERN

Das Signet KPM gilt auch fast 250 Jahre nach der Gründung der Königlichen Porzellan-Manufaktur in Berlin als ein herausragendes Gütesiegel. Reichtum, Harmonie und Originalität der Formen und Dekore aus den Werkstätten der KPM beeindrucken uns heute wie viele Generationen zuvor.

Als Friedrich der Große 1763 die KPM als Staatsinstitut gründete, begann die Geschichte der glanzvollen Porzellankunst Preußens. Die Porzellanproduktion der Berliner Manufaktur steht in der guten preußischen Tradition der Förderung von Wissenschaft und Kunst. Bereits der Große Kurfürst hatte das Handwerk und das Kunsthandwerk in seinem Staat unterstützt.

Die Porzellanmaler bildeten einen besonderen Berufsstand; sie gehörten keiner Zunft an, deshalb bedurften sie eines kurfürstlichen Privilegs, um ihre glanzvollen Produkte herstellen zu können. Das Brennen und Bemalen der Porzellanmasse bedeutete kulturellen Aufschwung, herrschaftliches Prestige und wirtschaftliche Profilierung.

Mein Großvater Hermann Theodor Schmuz-Baudiss war von 1908 bis 1925 künstlerischer Leiter der KPM. In seinem Bemühen, eine Einheit von Form, Dekor und Funktion zu finden, schuf er, der selbst Maler und Keramiker war, Werke, die heute noch zu den Klassikern der KPM gehören. Eine seiner bekanntesten Porzellanarbeiten ist das Ceres-Speiseservice, das er 1913 zum 150-jährigen Firmenjubiläum entwarf. Es symbolisiert in gelungener Weise die Verbindung von Natur und Kultur und verknüpft die alte preußische Tradition der KPM mit den ästhetischen Entwicklungen der 20er Jahre.

Dass mein Großvater Keramiker wurde und schließlich der KPM mit seinen Jugendstil-Entwürfen neue Impulse geben konnte, ist einem ganz banalen Umstand zu verdanken, einem langanhaltenden Regen während der Sommerfrische. Meine Großmutter brauchte aus gesundheitlichen Gründen immer frische Ziegenmilch. Die gab es bei einem Töpfermeister Treffler in Diessen am Ammersee, bei dem meine Großeltern sich im Sommer 1896 aufhielten. Eines Tages regnete es ganz fürchterlich, und mein Großvater, der damals noch ausschließlich der Malerei zugewandt war, konnte seine Staffelei im Regen nicht aufstellen. An diesem Nachmittag setzte er sich an die Töpferscheibe und lernte, Krüge und Milchschüsseln zu formen. So begann er seine Laufbahn als Keramiker, die ihn zur KPM führte.

Mit seinem Talent und seinen praktischen Kenntnissen, die er in der Werkstatt des Töpfermeisters entdeckte und die er später in der eigenen Werkstatt weiterentwickelte, hat Hermann Theodor Schmuz-Baudiss dann auf fast allen Arbeitsgebieten der KPM anregend gewirkt und ihrem künstlerischen Schaffen ein neues, selbstständiges Gepräge gegeben.

Die KPM gehört zu den großen Manufakturen im Spannungsfeld zwischen Kunst und Handwerk, in denen hohe handwerkliche wie künstlerische Fähigkeiten entwickelt werden und meisterhafte Auseinandersetzung mit dem Material seit Jahrhunderten gepflegt und tradiert wird.

Solche Traditionen unserer Kultur gilt es zu bewahren. Es ist zu hoffen und zu wünschen, dass sich die KPM - ein Unternehmen mit aufwändiger Herstellung seiner Produkte in künstlerischer Handarbeit - auch in Zukunft im Wettbewerb behaupten kann.

Otto Schily
Bundesminister des Innern

# J O S E F   E R Z G R A B E R

verfaßte 1913 dieses nun als Facsimile vorliegende Gedenkblatt zum 150jährigen Jubiläum der Königlichen Porzellan-Manufaktur in Berlin. Er schuf damit ein didaktisch klug angelegtes und allgemeinverständlich gefaßtes Vademecum, das Historie und wirtschaftliche Entwicklung der Manufaktur fesselnd beschreibt und einen Teil ihres reichen Fomenschatzes präsentiert. Bei seinen umfangreichen Ausführungen zu den technischen Belangen der Manufaktur erweist sich Erzgraber als profunder Kenner des Arkanums der Porzellanherstellung.

Josef Erzgraber kam am 27. März 1875 in Würzburg als Sohn von Philipp Erzgraber und dessen Ehefrau Katharina geb. Gagell zur Welt; katholisch und mit der bayerischen Staatsbürgerschaft. Eine frühe Beziehung zur Technik erschloß sich ihm durch den Vater, seines Zeichens Ingenieur des Stadtbauamtes Würzburg.

Nach bestandener Reifeprüfung schlug Erzgraber die Offizierslaufbahn ein, die er allerdings aus gesundheitlichen Gründen bald aufgeben mußte.

Private Studien und zahlreiche Reisen vervollkommneten seine an einem humanistischen Gymnasium erworbene Ausbildung. Dem anschließenden Besuch der Handelshochschule folgte ein Bankvolontariat.

So für das Wirtschaftsleben im prosperierenden Deutschland der Jahrhundertwende gerüstet, bezieht der Königlich Bayerische Leutnant a. D. im Juli 1905 eine Wohnung in der Ohmstraße 3 in München-Schwabing und wird in der bayerischen Residenz Sekretär des Polytechnischen Vereins.

Bald schon konnte sich Erzgraber seiner eigentlichen Bestimmung zuwenden: der Tätigkeit in der keramischen Industrie.

Zunächst arbeitete er für die Königlich Bayerische Hofglasmalerei F. X. Zettler in München, einem Unternehmen, das seit seiner Gründung 1870 überwiegend monumentale Aufträge für die Höfe Europas und den Klerus ausführte. Seit 1902 gab es Niederlassungen in New York und Chicago; allein dort findet man noch heute in mehr als 30 Kirchen Zettlersche Fenster. König Carol von Rumänien war mit den 200 Glasmalereien für sein großes Schloß Pelesch bei Sinaia so zufrieden, daß er die Firma 1910 zur Königlich Rumänischen Hofglasmalerei ernannte. Weltberühmt waren die heute zerstörten Ateliergebäude in der Münchener Brienner Straße 23 mit ihrem zwölf Meter hohen Ausstellungssaal, in dem komplett aufgebaute Monumental-Verglasungen gezeigt werden konnten.

Im August 1909 heiratete Josef Erzgraber die am 16. März 1868 geborene Wienerin Paula Stegmann und zog in die Bevernstraße 2 in Berlin-Kreuzberg, um die Geschäfte der Deutschen Glasmosaik-Gesellschaft Puhl & Wagner zu führen. Die gleichfalls international tätige Unternehmung war seit 1901 Hoflieferant Seiner Majestät, des Kaisers und Königs. Inwieweit

Erzgraber hier auch in die aquisitorische und kaufmännische Abwicklung großer prestigeträchtiger Aufträge, wie beispielsweise die Fortführung der Mosaizierung der Kaiser-Wilhelm-Gedächtniskirche in Berlin oder des Aachener Domes eingebunden war, ließ sich nicht ermitteln. Welche Wertschätzung seinem neuen Arbeitgeber seitens des Hofes zukam, wird an der Bemerkung Kaiser Wilhelm II. deutlich, der sich gern als "ersten Reisenden des Hauses Puhl & Wagner" bezeichnete. Die Firma residierte in einem von Franz Schwechten, dem Lieblingsarchitekten des Kaisers, entworfenen neoromanischen Fabrikpalast in der Kiefholzstraße in Berlin-Treptow, der von der Bevölkerung mit Recht als "Zauberburg" bezeichnet wurde: So prachtvoll und geheimnisvoll wirkte diese "Schauhalle des Mosaiks und der Glasmalerei" mit ihrem goldenen Schornstein nach Entwürfen von César Klein und Wandmosaiken nach Pechstein, Bengen, Dülberg und anderen Großen der Zeit auf den Betrachter aus der Ferne.

Geprägt von dieser Tätigkeit im Bereich der angewandten Kunst wurde Josef Erzgraber um 1912 Dezernent der Königlichen Porzellan-Manufaktur in Berlin. Hier entstand das Gedenkblatt "KOENIGLICH BERLIN", das ihn nicht nur als gewissenhaften Chronisten ausweist, sondern auch seine Qualitäten als Mann der Werbung belegt: Nahezu alle in der Festschrift abgebildeten Erzeugnisse konnten 1913, dem letzten Friedensjahr, in der KPM erworben werden.

Im Weltkrieg von 1914 bis 1918 wurde Erzgraber Hauptmann; zuletzt war er bei dem Oberkommando in den Marken als kaufmännischer Sachverständiger tätig.

Nach dem Krieg war er bis 1925 leitender Angestellter bei der Allgemeinen Elektricitäts-Gesellschaft (AEG) in Berlin.

In der Folge berief man ihn zum alleinigen Vorstand und Direktor der 1901 auf Betreiben des Malers Hans Thoma errichteten, vormals Großherzoglichen, nunmehr Staatlichen Majolika-Manufaktur in Karlsruhe. Nicola Moufang, dem die KPM den 1927 erschienenen Prachtband "Alt-Berlin in Porzellan" verdankt, war seit 1921 in der Geschäftsführung der Majolika-Manufaktur tätig. So steht zu vermuten, daß er die Verbindung zu Erzgraber knüpfte. Da im Zweiten Weltkrieg die Karlsruher Archive vernichtet wurden, läßt sich über sein dortiges Wirken wenig sagen.

Gleich zahlreichen Biographien jener Zeit verliert sich die weitere Vita Josef Erzgrabers im Laufe der Geschichte. Vielleicht kann das Facsimile dieses Gedenkblattes neben der Würdigung ihres Autors auch zu weiteren Erkenntnissen über seinen Lebensweg führen.

Diese Festschrift ist für mich eine Art Denkmal auf dem Gebiet des Porzellans und ich hoffe, daß viele dem Weißen Gold Verbundene nun gern eine mögliche Lücke in ihrer Fach- oder Privatbibliothek schließen werden.

Stefan Graf Finck von Finckenstein.

# „KOENIGLICH BERLIN“ 1763–1913

GEDENKBLATT
ZUM 150JÄHRIGEN JUBILÄUM DER
KÖNIGL. PORZELLAN-MANUFAKTUR
BERLIN

HERAUSGEGEBEN
VON DER DIREKTION DER
KÖNIGL. PORZELLAN-MANUFAKTUR
IN BERLIN

BEARBEITET VON J. ERZGRABER

ECKSTEINS BIOGRAPHISCHER VERLAG BERLIN, W 62
LÜTZOWPLATZ 6

FRIEDRICH DER GROSSE.
Modell von Schadow.

DAS ALTE LEIPZIGER TOR 1763.

# Die Königliche Porzellan-Manufaktur in Berlin 1763–1913

## Geschichtliche und wirtschaftliche Entwickelung

Am 24. August 1763 wurde die Königliche Porzellan-Manufaktur in Berlin von Friedrich dem Großen als Staatsinstitut gegründet. Es war keine Neugründung, die der Preußenkönig schuf; vielmehr galt es, ein Unternehmen zu retten, das, mit Fleiß und Verständnis in Angriff genommen, aus Mangel an kapitalistischer Kraft nach kurzer und wechselvoller Geschichte einem unrühmlichen Ende entgegensah.

Im Jahre 1750 hatte nämlich der Wollzeugfabrikant W. C. Wegely in der Neuen Friedrichstraße eine Porzellanfabrik gegründet. Seine Erzeugnisse zeigten bereits eine ziemliche Vollkommenheit. Gleichwohl war Wegely mit seinem Unternehmen nicht erfolgreich. Da er sah, daß er nicht auf seine Rechnung kommen könne, und da er auch bei dem Könige, der eben seine Fahnen zum drittenmal über die schlesischen Felder führte, in diesem Zeitpunkte — man schrieb 1757 — keine Unterstützung finden konnte, hielt er es für geratener, zur Wollzeugfabrikation zurückzukehren. Sein Lager nahm ihm der bisherige Betriebsleiter ab, der dann auch in der Folgezeit gelegentlich auf eigene Faust Porzellan fabriziert haben soll.

Ein paar Jahre später — 1761 war es — erwarb der Kaufmann Johann Ernst Gotzkowsky das Dorvillesche Haus in der Leipziger Straße — heute erhebt sich dort das Abgeordnetenhaus — und ließ von Reichard, dem ehemaligen Betriebsleiter Wegelys, eine Porzellanfabrik einrichten. Auch

STANDARTE VON 1763
(aus dem Märkischen Museum).

die von Wegely noch vorhandenen Bestände und Modelle übernahm er. Es dauerte jedoch reichlich ein Jahr, bis man über die Versuche hinaus zu einem regelrechten Betrieb kam, und derweilen gingen Gotzkowskys Mittel mehr und mehr zu Ende. Nach einem zweiten Jahre wurden die Zahlungen eingestellt.

Friedrich der Große hatte schon während des Siebenjährigen Krieges sein hohes Interesse für die Kunst des Porzellanmachens zu erkennen gegeben. Nach der Besitzergreifung Dresdens besichtigte er die junge Meißener Manufaktur, und nicht einmal die Arbeitslast des kriegführenden Feldherrn und Staatsmannes konnte ihn abhalten, die Besichtigung mit der seinem eindringenden Geiste eigenen Gründlichkeit vorzunehmen. Vielleicht kam ihm jetzt nach dem Friedenschlusse der von Gotzkowsky angebotene Kauf fast erwünscht. Jedenfalls muß es auffallen, mit welcher Schnelligkeit die Verhandlungen geführt wurden und daß ein Kaufpreis von 225000 Talern bewilligt wurde — eine Summe, die für die damaligen Verhältnisse sicherlich außerordentlich hoch war. Immerhin hatte auch der von Gotzkowsky übernommene Betrieb schon einen ganz respektablen Umfang — er beschäftigte unter der Leitung des Kommissionsrates Grieninger ein Personal von 146 Köpfen — und eine erhebliche Anzahl von Geschirren und Modellen, von denen einige bis heute erhalten sind, war in den Kauf mit eingeschlossen.

Jetzt erst, durch das entschlossene Eingreifen des Königs, war der Berliner Porzellanmanufaktur die Möglichkeit des Lebens und der Entwicklung gegeben. Reichlich gespendete Mittel ermöglichten die Vervollkommnung von Betriebsbedarf und Öfen, wichtige Sonderrechte, wie der freie Holzbezug aus königlichen Forsten, erleichterten die Wirtschaftsführung, die Verleihung des Monopols der Fabrikation und

GEHEIMER KOMMISSIONSRAT GRIENINGER,
von 1763—1786 Direktor der Königlichen Porzellanmanufaktur,
liest im Kreise seiner Familie die königliche Bestallungsurkunde.

des Verkaufs in preußischen Landen sicherte den Absatz. Selbst durch eigene Gerichtsbarkeit mit einem Gerichtshalter und zwei Gerichtsschöffen war die Manufaktur bevorzugt.

Was aber materielle Unterstützungen nicht vermochten, das vermochte das unmittelbare persönliche Interesse des Königs, der gleich einem Fabrikherrn unangemeldet erschien, wo und wann er nach dem Rechten sehen zu müssen glaubte. Sein Lob, karg zugemessen, wie es des großen Königs Art war, aber darum um so höher geschätzt, ließ jeden sein Bestes und Letztes geben. So innig hatte der König sein Interesse mit seiner Schöpfung verbunden, daß er alle Berichte von Bedeutung direkt an seine Person gehen ließ, daß er jeden Monat einen „summarischen Kassenextrakt" entgegennahm. Welch scharfer Prüfung dieser jedesmal unterworfen ward, beweisen die gelegentlich erlassenen „Erinnerungen", deren Sprache bisweilen von einer nicht mißzuverstehenden Deutlichkeit war.

Friedrich der Große war selbst der beste Abnehmer seiner Manufaktur, aber er wußte zugleich auch mit dem Geschicke eines weitblickenden Kaufmannes für seine Ware zu werben. Jeder, der an seinen Hof kam, wurde für die neue Kunst begeistert. Fremde Fürstenbesuche und Gesandte nahmen als des Königs Geschenk seine Porzellane mit in ihre Heimat, die Leistungsfähigkeit des königlichen Institutes so am eindrucksvollsten verkündend. Als der berühmt gewordene, für Katharina II. bestimmte Tafelaufsatz vollendet war, mußte er 14 Tage lang zur Schau gestellt werden. Und es wurden, wie der Chronist versichert, „der Sehensbegierigen zuletzt so viele, daß das unordentliche Zudringen kaum durch die Soldatenwachen, welche alle Zugänge besetzet hatten, konnte abgehalten werden".

KATHARINA II. VON RUSSLAND.

In acht Städten Preußens entstanden Verkaufsstellen, und es wurden Verbindungen nach den Hauptplätzen des Auslandes: London, Paris, St. Petersburg, Amsterdam u. a. angeknüpft. Freilich die Langsamkeit, mit der vor 150 Jahren aus solchen Maßnahmen greifbare Erfolge wurden, entsprach so wenig den ungestümen Erwartungen des Königs, daß er selbst mit drastischen Zwangsmaßregeln zur Herbeiführung des Absatzes nicht zurückhielt.

Brauchte ein Jude eine behördliche Erlaubnis, wie beispielsweise bei Niederlassung,

Gewerbeeröffnung, Heirat, so mußte er königliches Porzellan kaufen und im Auslande absetzen. In der Regel für 300 Taler. Eine Ausnahme sei als Kuriosum und Beitrag zur Zeitgeschichte festgehalten: So erhielt Abel Levin zu Freienwalde eine „Concession als publiquer Bedienter bei dortiger Judenschaft in der Qualität eines Totengräbers", wogegen er nur für 28 Taler Porzellan zu entnehmen hatte. Von solcher Zwangspflicht hat sich später, im Jahre 1787, die preußische Judenschaft mit 40 000 Talern losgekauft.

Eine ähnliche Steuer wurde der Lotteriepacht auferlegt. Die „Generallotteriepacht-societät" mußte jährlich für 6000 — später sogar noch mehr — Taler Porzellan zu auswärtigem Absatz übernehmen.

Unter der intensiven Fürsorge des Königs mußte das Unternehmen gedeihen. Kaum acht Jahre nach der Übernahme reihen sich 10 Öfen da, wo ehemals ein einziger stand, und die dreifache Zahl produktiver Hände regt sich zum Gelingen der Kunstwerke. Schon nach sechs Jahren konnte man einen durchschnittlichen Jahresumsatz von zirka 95 000 Talern und einen Reinertrag von zirka 16 700 Talern nachweisen. In den letzten Jahren vor des Königs Tode wurden rund 120 000 Taler Umsatz und zirka 36 000 Taler Reinertrag gebucht.

Das Hinscheiden Friedrichs des Großen löste das enge Verhältnis, das die Person des Herrschers mit dem Kunstinstitute verbunden hatte. An die Stelle der persönlichen unmittelbaren Einwirkung trat jetzt die mittelbare Überwachung durch einen königlichen Kommissarius, als Präsidenten der neu eingerichteten Königlichen Porzellan-Manufaktur-Kommission, welcher außer den beiden Direktoren noch ein „zugeordneter Rat" angehörte. Über diese Verwaltungsmaschine äußert sich mit launigem Spotte der Chronist: „In den wöchentlichen Conferenzen wurde referirt, Anträge gestellt, darauf dekretirt, häufig in extenso verfügt. Die Beteiligten hatten dann über den Erfolg zu berichten; darauf wurde eintretenden Falles resolvirt, und so fort."

„Damit war die Direktion in die bureaumäßigen Verwaltungswege geleitet und ein ausgiebiges Stück Schreibwesen begründet, wie es einer industriellen Anstalt am wenigsten frommt."

Aber trotzdem war der jetzt beginnende Zeitabschnitt bis zu den Tagen von Jena und Auerstädt durchaus fruchtbar, in technischer Hinsicht sogar einer der erfolgreichsten. Diese Periode brachte Vervollkommnung und Erweiterung in allen Zweigen des Betriebes. Die Massen und Glasuren wurden untersucht und wesentlich verbessert. Ein besonderes Interesse

verwandte man auf die Hebung der Malerei und die Herstellung schöner und neuer Farben durch die „chemische Farbencommission", in welcher kein Geringerer als Alexander von Humboldt, damals Bergassessor, einige Zeit tätig war.

Das merkwürdigste Unternehmen aber war die Aufstellung einer „Feuermaschine", der ersten in Preußen gebauten Dampfmaschine. Der Immediatbericht über dieses Ereignis, welches das Zeitalter des Dampfes einleitet und einen Markstein nicht nur in der Geschichte der deutschen Technik, sondern der Kulturgeschichte überhaupt darstellt, dürfte allgemeines Interesse genug haben, um eine Abschweifung vom engen Rahmen unserer Geschichte zu entschuldigen. Er lautete:

An des Königs Majestät!

Die mit schlesischen Steinkohlen in Gang gebrachte Feuermaschine bei der Porcellanmanufactur, von deren Erbauung ich bereits vorläufig unterthänigst Anzeige gethan habe, ist nun vollständig errichtet, und es werden dadurch an 10 Pferde erspart. Sie bewegt 12 Stampfen, 11 liegende und einen stehenden Mühlenstein, und eine große kupferne Scheibe für die Porcellanschleiferei. Außerdem hebt sie alles Wasser, dessen sie teils selbst zum Verdampfen und Niederschlagen der Dämpfe, teils die ganze Wasch- und Schlämmerei-Anstalt bedarf, aus einem 40 Fuß tiefen Brunnen. Sie ist die erste ihrer Art von kleinem Umfang und großer Wirkung, durchaus ein inländisches Product, auf den oberschlesischen Eisenwerken Euer Majestät durch den sehr geschickten Maschinisten Baildon verfertigt und nun hier errichtet. Sie verdient von Eurer Majestät und Höchstdero königlichen Frau Gemahlin besehen zu werden, und ich würde bei dieser erwünschten Gelegenheit die nun auch völlig fertigen, zur beträchtlichen Holzersparung eingerichteten und zugleich auf Vervollkommnung der Arbeiten und Erleichterung der Ouvriers abzweckenden Porcellanbrenn-, Trocken- und Emailliröfen unterthänigst vorzeigen.

Geruhen daher Euer Majestät, den Tag und die Stunde hiezu gnädigst zu bestimmen.

Berlin, den 13. August 1793.

gez. von Heinitz.

Die am Schlusse des Berichtes betonte Verbesserung der Öfen stellt ein weiteres bleibendes Verdienst jenes Zeitabschnittes dar. Nach aufreibenden, unermüdlichen Versuchen war es endlich gelungen, die unvollkommenen, liegenden Öfen durch stehende, etagenförmig gebaute

Rundöfen zu ersetzen. Der wirtschaftliche Vorteil, der dadurch neben dem technisch nicht hoch genug anzuschlagenden Erfolg eines gleichmäßigeren, gut regulierbaren Brandes erzielt wurde, war enorm: an Stelle von 16 liegenden Öfen genügten 4 stehende, an Holz wurden allein jährlich 4000 Taler gespart.

Das Jahr 1807 zeigt uns die Manufaktur unter der alleinigen, selbständigen Leitung des bisher der Kommission „zugeordneten Rates". Die Direktoren sind gestorben, und der Kommissarius ist vom König aus Sparsamkeitsrücksichten seines Amtes enthoben. Es ist die Zeit nach dem Tilsiter Frieden. Auf dem preußischen Lande lastet die Fremdherrschaft. Auch die Manufaktur bekommt die Faust des Überwinders zu fühlen. Sofort bei der Okkupation hat man ihr die Kasse weggenommen. Noch zweimal wird 1807 der Kassenbestand „zur Administrationskasse" eingezogen, Porzellane werden nach Bedarf requiriert, Transporte werden weggenommen und die Warenlager in Breslau und Warschau beschlagnahmt. Der verursachte Schaden ist damals mit größter Genauigkeit verbucht worden: alles in allem erduldete die Manufaktur durch die Franzosen einen Verlust von 53 665 Talern 3 Pfg.

AUS DEM SERVICE FÜR DIE FÜHRER
IN DEN FREIHEITSKÄMPFEN.

Auch nach dem Abzuge des Feindes konnte sich natürlich der Absatz und der Betrieb der Anstalt nicht erholen. Überall lagen Handel und Gewerbe darnieder, die Hälfte der Monarchie war an den Feind abgetreten, jeder Wohlstand war vernichtet. Dann kamen die Jahre 1812 bis 1815. Arbeiter und Lehrlinge verließen die Fabrik, um freiwillig unter die Fahnen zu treten. Weder Fürst noch Bürger dachte an Luxus. Erst der Friede des Jahres 1815 läßt die Anstalt das Gleichgewicht wiederfinden. Und jetzt ein unerhörter Ansturm von Aufträgen!

Es ist eine Äußerung des freien Aufatmens, das nach abgeworfener Last durch die Nation geht, eine Äußerung der neu erwachten Lebenslust, die in dieser nicht zu bewältigenden Fülle von Aufträgen sich ausspricht. Erwähnenswert sind aus dieser Zeit die kostbaren Ehrengeschenke, die König Friedrich Wilhelm III. nach dem Friedensschlusse den befreundeten Fürsten und verdienten Feldherren überreichen ließ. Das Jahr 1817 brachte eine Einnahme von über 300000 Talern, eine Summe, die während des ersten Jahrhunderts der Anstalt nie wieder erreicht wurde.

Von dieser Höhe des wirtschaftlichen Erfolges erfolgt der Sturz so unmittelbar und elementar, daß er fast tragisch berührt. Was Krieg und Gewalttat nicht zerstören konnte, das

ZUR ERINNERUNG AN DIE FREIHEITSKÄMPFE.

erschüttert jetzt der friedliche Wettbewerb bis in die Wurzeln. 1818 war das Einfuhrverbot gefallen und die Porzellane des Auslandes, vor allem Frankreichs und Böhmens, überschwemmten nun das geöffnete Land. Die Billigkeit der fremden Ware ließ deren Minderwertigkeit völlig übersehen, und so wichen die Umsätze des königlichen Unternehmens in derart überstürztem Falle, daß schon nach drei Jahren nur noch ein Drittel des bisherigen Umsatzes erreicht werden konnte. Schon erwog man, ob die veränderten Zeiten dem Institut überhaupt noch eine Existenzberechtigung erlaubten. Schließlich aber glaubte man doch — wenn auch mit Unrecht — den größeren Teil der Schuld an dem wirtschaftlichen Rückgange dem hohen Alter des damaligen Leiters und Mängeln des Rechnungswesens und der Verwaltung aufbürden zu sollen. Es wurde neben anderen Verbesserungen die doppelte Buchführung eingeführt und dem bisherigen Direktor wurde der Betriebstechniker als zweiter Direktor an die Seite gegeben. Dieser Mann, ein ausgezeichneter und durch lange Jahre in seinem Berufe bewährter Techniker, brachte jedoch keineswegs die kaufmännische und wirtschaftliche Einsicht an die leitende Stelle, die in diesem kritischen Zeitpunkte nötig war, um einen Weg aus der schwierigen Lage zu finden. Es war ihm nicht gegeben, den veränderten Absatz- und Arbeitsverhältnissen auf den Grund zu gehen und fruchtbringende Schlüsse daraus zu ziehen. Sein Eifer war einzig auf Erweiterung und Verbesserung der Fabrikation bedacht, und so schätzenswert sein von einem einsichtigen Fabrikherrn in Bahnen geleiteter Ehrgeiz hätte

DER DRITTE HOF DER ALTEN FABRIK IN DER LEIPZIGER STRASSE.
Nach einer Photographie von F. Albert Schwartz, Hofphotograph, Berlin NW 87.

sein müssen, so wenig glücklich mußte er in einer ungehemmten Betätigung wirken. Bald häuften sich denn auch die Massen der Porzellane in den Lägern, und das bedenkliche Mittel öffentlicher Auktionen schien der letzte Ausweg, der Überproduktion zu steuern. Das Jahr 1832 bringt diesem Manne die alleinige Direktion. Nun wird ein Teil des Nachbargrundstückes des Bankiers Mendelsohn erworben. Gebäude, Öfen, Schuppen werden gebaut, der Umfang der Fabrikation nach jeder Richtung erweitert. Die wirtschaftliche Folge war, daß nun sogar die Geschirre erster Wahl in den öffentlichen Auktionen verschleudert werden mußten. Es wurden dadurch freilich verhältnismäßig hohe Ziffern des Umsatzes erzielt, aber die Rentabilität mußte auf ein Minimum sinken. Die Beschwerden, die schließlich von seiten der Porzellanhändler gegen die Auktionen an die Behörden gerichtet wurden, führten 1842 zu deren Verbot.

Hatte sich bislang die Manufaktur nur durch den Wettbewerb des Auslandes geschädigt gesehen, so taten ihr nunmehr auch die Fabriken, welche in den 30er Jahren in Preußen Fuß gefaßt hatten, Abbruch und machten ihr bei dem Mangel einer verständnisvollen Vertriebsorganisation den Absatz immer schwerer. Von Jahr zu Jahr wird der Geschäftsgang schleppender, bis er 1848 fast ganz ins Stocken gerät. Die niederdrückende Wirkung, welche der unaufhaltsame Rückgang des Instituts auf die Gemüter der Angestellten ausüben mußte, und die politische Erregung jener Tage lassen eine Erklärung dafür finden, daß schließlich der Geist der Auflehnung und Unbotmäßigkeit unter dem Personal so bedenklich um sich griff, daß der Zusammenbruch unvermeidlich schien. ,,Der Direktor", so ist uns hinterlassen, ,,vermochte diesen unheilvollen Zustand nicht zu überdauern; er starb im Juni 1848."

Es galt nun zunächst, den haltlos gewordenen Organismus neu zu kräftigen und aufzubauen. Die Verwaltung wurde einer Prüfung und Reorganisation unterworfen. Eine strenge Ordnung der Arbeit führte wieder normale Betriebsverhältnisse herbei. Die Anstrengungen, das alte Ansehen zu retten, wurden von Anfang an ganz wesentlich durch das dauernde Interesse gefördert, das König Friedrich Wilhelm IV. der Manufaktur zuwandte. In dieser Epoche wurden eine Reihe technischer Verbesserungen durchgesetzt, eine neue Dampfmaschine aufgestellt, neue Verkaufsräume und Niederlagen geschaffen. In einsichtsvoller Weise führte sich die Anstalt in den allgemeinen Wettbewerb ein, indem sie ihre Erzeugnisse auf keiner nur einigermaßen nennenswerten Gewerbeausstellung des In- und Auslandes fehlen ließ. Umsatz und Erfolg steigen wieder, und so nähert man sich auf der offenen Bahn des industriellen Wettstreites allmählich wieder einer besseren Zeit.

AM ALTEN SCHAFGRABEN; HEUTE STATION TIERGARTEN.

Der wertvollste ideelle Gewinn aus jenen Tagen, welcher der Manufaktur von da zum Leitstern ward, ist die Erkenntnis, daß sie als Staatsinstitut gegenüber der Privatindustrie keine Existenzberechtigung mehr habe, es sei denn als deren Vorbild und Führer. Eine notwendige Konsequenz dieser Einsicht war die Schließung der aus der Königlichen Porzellan-Manufaktur 1817 losgelösten Königlichen Gesundheitsgeschirr-Manufaktur bei Charlottenburg, deren Erzeugnisse — billige, ehedem wegen ihrer bleifreien Glasur gegenüber den Steingut- und Majolikawaren bevorzugte Geschirre — der Herstellung durch die Privatindustrie überlassen bleiben durften.

Ende der 60er Jahre verlegte man die Königliche Porzellan-Manufaktur nach dem

Gelände der aufgelösten Gesundheitsgeschirr-Manufaktur, nach ihrem heutigen Standorte am Schafgraben, jenem Geländeeinschnitt, welcher den Ablauf des Neuen Sees unter der Stadtbahn hindurch nach der Spree leitet. Unser idyllisches Bildchen dürfte durch die den Graben überspannende Holzbrücke wohl gerade die Stelle bezeichnen, an der sich heute der Bahnhof Tiergarten erhebt.

Dort draussen — zum Teil schon auf Charlottenburger Gebiet — begann alsbald auf neugewonnenem Terrain ein umfangreicher Neubau für den eigentlichen Fabrikationsbetrieb

NO. 4. | LEIPZIGER STRASSE NO. 3. NO. 2.

No. 4. Das provisorische Reichstagsgebäude (heute Abgeordnetenhaus): Stätte der alten Manufaktur.
No. 3. Haus Mendelssohn-Bartholdy (heute Herrenhaus).
No. 2. Heute Verkaufslager der Manufaktur.

zu erstehen. Die Verkaufsräume und Magazine blieben vorläufig im alten Hause Leipziger Straße 4, ebenso sollte der dahinterliegende Grund bis zur Stadtmauer an der Communication (heute Königgrätzer Straße) nach wie vor zur Verfügung der Manufaktur bleiben, bis die Neubauten in Charlottenburg genugsam vorgeschritten seien, um einen gänzlichen Umzug zu ermöglichen. Ursprünglich hatte man beabsichtigt, an Stelle der alten Manufaktur ein neues Haus der Abgeordneten zu bauen, dann aber, als nach der Errichtung des Deutschen Reiches eine Stätte für die Reichsvertretung geschaffen werden mußte, beschloß man, dort das Reichstagsgebäude erstehen zu lassen. Und dies sofort. Aber die Manufaktur hinderte durch ihre Anwesenheit den Beginn der Arbeit, denn die Neubauten in Charlottenburg gingen nur langsam vorwärts, besonders die komplizierte Anlage des Gas-Brennofens bereitete unliebsame Verzögerung. Da kam eines Morgens des Jahres 1872 Bismarck in die Leipziger Straße geritten und erklärte dem überraschten Debitsvorsteher kurz und bündig, daß er die Feuerwehr anrücken lassen werde, wenn die Manufaktur sich nicht schleunigst zum Auszug bequeme. Da man in der Stadt ein Verkaufslager haben mußte, so wurden nun eilends in dem Hause Friedrichstraße 194, Ecke Leipziger Straße (heute S. Adam), entsprechende Räume auf Reichskosten gemietet. Dort blieb der Verkauf bis 1884, dann wurde er nach der Ecke Potsdamer Platz-Leipziger Straße (heute Warenhaus A. Wertheim) verlegt. Als der Staat das gegenüberliegende

DAS VERKAUFSLAGER DER KGL. PORZELLAN-MANUFAKTUR VON 1884—1890
(heute Warenhaus A. Wertheim).
Nach einer Photographie von F. Albert Schwartz, Hofphotograph, Berlin NW 87.

Gebäude Leipziger Straße 2 erwarb, wurden für die Manufaktur die heutigen Verkaufsräume geschaffen, in die man 1890 übersiedelte.

Kehren wir zur Geschichte des eigentlichen Instituts zurück! In der Zeit vor dem letzten großen Kriege, in der dem kunstgewerblichen Leben jeder selbstschöpferische Impuls fehlte und das deutsche Kunstgewerbe von Kunst wenig mehr als nur den Namen hatte, war das freie künstlerische Schaffen in der Manufaktur zu einem gewissen Stillstand gekommen. Nun aber, nach der Wiedergeburt des deutschen Namens, als der Wille zur Entfaltung sich mit selbstbewußter Kraft auf allen Gebieten des Schaffens durchsetzte, wurde man bald gewahr, daß dem Institute der Manufaktur eine zielbewußte Förderung mangele. Es war nur ein Zeichen der Zeit, daß das Haus der Abgeordneten die Manufaktur einer gründlichen Kritik unterzog und eine Kommission von hervorragenden Künstlern und Sachverständigen beauftragte, die Manufaktur auf ihre künstlerische Lebensfähigkeit zu prüfen und den Weg zu zeigen zu dem hohen Ziele, das ihr als Staatsinstitut füglich gesteckt sein müsse. Die Entscheidung der Kommission ging dahin, daß die künstlerische Kultur des Instituts vollkommen rückständig sei, ein Mangel, der sich aus dem Fehlen einer führenden, kraftvollen Künstlerhand ergebe. So ward denn bald darauf der Manufaktur das Geschenk eines künstlerischen Direktors.

Die künstlerische Entwicklung war damit sichergestellt. Aber auch die technische Entwicklung — nicht minder wertvoll für die Privatindustrie — mußte vor Stillstand bewahrt werden. So wurde die Chemisch-technische Versuchsanstalt bei der Königlichen Porzellan-Manufaktur geschaffen. Nach dem Vorbilde von Sèvres sollte sie die Hebung der Tonindustrie in allen ihren Zweigen vom wissenschaftlichen Standpunkte aus betreiben, sollte der Privatindustrie neben Unterstützung mit Rat und Tat vor allem auch tüchtige Keram-Chemiker

DER ALTE PACKHOF AM LUSTGARTEN,
von dem aus vor 150 Jahren die königlichen Porzellane in die Welt gingen.
Aus dem Märkischen Museum.

heranbilden. Es war ein besonders glücklicher Zufall, daß diese junge Anstalt von Anfang an in die Hand eines hervorragend geeigneten Mannes kam: Dr. Seger hat das bleibende Verdienst, die Keramik aus einem Empirismus, dem noch bis zu einem gewissen Grade Spuren der Geheimniskrämerei der alten „Arkanisten“ anhaftete, auf systematische Bahnen geleitet und als Wissenschaft erst richtig begründet zu haben.

So setzt also die jüngste Epoche der Manufaktur mit einer erfrischenden Reorganisation ein. Und der Gedanke des Fortschrittes, erst einmal wachgerufen, bleibt lebendig, bleibt und überdauert den Wechsel der Personen, des Stils und des Geschmacks. Auch die Wirtschaftsführung bleibt in dieser fruchtbaren Zeit nicht unberührt. Rechnungswesen und innere Organisation wandeln sich nach den Grundsätzen einer modernen kaufmännischen Geschäftsführung. Wiederholt haben Vertreter der Handelswissenschaft den inneren Einrichtungen der Manufaktur ihre Anerkennung zuteil werden lassen. Von den zahlreichen Ausstellungen, welche die Manufaktur in den letzten 35 Jahren beschickt hat, seien nur die von Chicago (1893) und Paris (1900) erwähnt, welche durch die Großartigkeit der Aufmachung weit über den Rahmen des Gewohnten gingen und durch die dargebotene überwältigende

Schaustellung mit außerordentlichem Erfolg für die Manufaktur warben. Seit jenen Tagen ist ihr Weltruf fest gegründet. Heute beträgt der jährliche Umsatz rund 2 Millionen.

Das Personal der Manufaktur zählt gegenwärtig über 600 Köpfe. Es wird zum großen Teil in der Anstalt selbst ausgebildet. Selten verlassen Angestellte oder Arbeiter, die einmal in die Manufaktur eingetreten sind, diese wieder.

Auch als sozialer Faktor ist die Manufaktur nicht zu unterschätzen: eine Versorgungs- und Sterbekasse gewährt erwerbsunfähig gewordenen Angestellten und Arbeitern und deren Hinterbliebenen Ruhegehälter, die sich nach den gleichen Sätzen wie diejenigen der preußischen Staatsbeamten bemessen. Eine Speiseanstalt, eine Badeanstalt und eine Anzahl von Arbeiterwohnungen tragen zur Erleichterung der Lebenshaltung der Manufaktur-Angehörigen bei. Für besondere Wohlfahrtszwecke werden jährlich rund 135 Mark pro Kopf aufgewandt.

Hat die historische Entwicklung der Königlichen Porzellan-Manufaktur wegen ihrer engen Verknüpfung mit der preußischen Geschichte Anspruch auf ein allgemeines Interesse, so darf sie von seiten des Volkswirtschaftlers auf ganz besondere Beachtung rechnen. Liefert sie doch geradezu Schulbeispiele zur Wirtschaftslehre. Lassen wir nur kurz noch einmal die wichtigsten Bilder vorüberziehen:

Durch das Interesse des Königs gegründet und gestützt, nimmt die Manufaktur kraft ihres Monopols einen raschen Aufschwung. Die Schäden des Krieges, die Förderung des Friedens werden gleicherweise an ihr offenbar. Die Öffnung der Grenzen und die Gewerbefreiheit bringen sie an den Rand der Auflösung. Aus tiefem Fall erwächst ihr die Erkenntnis von der Wohltat des freien Wettbewerbs, die Erkenntnis, daß sie als Staatsinstitut nur Berechtigung hat, wenn sie sich zum Vorbild durchringen kann. Schwer und langsam, aber unentwegt ist der Wiederaufbau.

Heute — zum 150jährigen Jubiläum — sieht sich die Manufaktur wieder in einer Monopolstellung wie einst in ihren Anfängen. Aber heute ist es ein Monopol der Leistung, das sie beanspruchen darf und das ihr bereitwillig zugestanden wird, nicht nur innerhalb der Landesgrenzen, sondern überall da in der weiten Welt, wo verfeinerte Kultur gepflegt wird.

WANDTELLER. Unterglasurmalerei von Türcke.

BERLINER
PORZELLAN
1763 K 1913
ADOLF
FLAD

VÖLKERTYPEN
aus dem für Katharina II. angefertigten Tafelaufsatz.

# Berliner Porzellan

Das Porzellan ist eine alte Kulturerrungenschaft. Nach neueren Feststellungen soll es bereits um Christi Geburt von den Chinesen erfunden worden sein. Es vergingen allerdings 1200 Jahre, bis durch den bekannten Seefahrer Marco Polo zum ersten Male Porzellan nach Europa kam, wo es dann verhältnismäßig sehr rasch sich bekannt machte und bald die Sehnsucht und das Begehren aller Kunst- und Prunkliebenden wurde. Seine Seltenheit und die durch die Schwierigkeiten des Imports erhöhte Kostbarkeit ließen ihm eine fast übertriebene Wertschätzung zuteil werden. Einen Gradmesser für diese bietet uns besser als lange Worte die Erwähnung der Tatsache, daß ein Fürst wie der König Friedrich August von Polen, Kurfürst von Sachsen, es über sich vermochte, ein ganzes Regiment Dragoner an Friedrich Wilhelm I. von Preußen hinzugeben, um dagegen eine Anzahl chinesischer Porzellane einzutauschen. Noch heute sind 18 aus diesem Tausch-Geschäft herrührende Stücke in der Königlichen Sächsischen Porzellansammlung des Johanneums in Dresden zu sehen.

Bei solcher Überschätzung des chinesischen Porzellans und solch leidenschaftlichem Verlangen nach seinem Besitz war es kein zufälliges Zusammentreffen, daß gegen Ende des 17. Jahrhunderts in mehreren Ländern zugleich auf seine Nacherfindung hingearbeitet wurde. Aus diesem Streben entstand in Italien die Fabrikation der Fayencen, in Frankreich die Fabrikation des sogenannten Frittenporzellans — eigentlich nur eines nicht ganz ausgebrannten Glases, in England die des Knochenporzellans — einer steingutähnlichen Masse. Von dem echten chinesischen Hartporzellan waren jedoch alle diese Erfindungen noch weit entfernt, und es mußte erst des Zufalls Spiel mitwirken, bis der Traum der Keramiker des Mittelalters Wahrheit wurde.

DOURO.
Allegorische Figur aus dem Tafelaufsatze des Herzogs von Wellington
(Geschenk Friedrich Wilhelms III.)

Ein ehemaliger Apotheker, der Alchimist Johann Friedrich Böttger, welcher sich des Geheimnisses der Goldmacherkunst rühmte, befand sich ob eben dieser seiner Kunst im Gewahrsam des Kurfürsten August II. von Sachsen. So reichlich auch dieser Fürst Geduld und Mittel verschwendete, das erhoffte Gold ward nicht. Aber die Untersuchungen des Alchimisten und die Notwendigkeit, hierzu sehr feuerfeste Schmelztiegel, die damals käuflich nicht zu bekommen waren, selbst anfertigen zu müssen, hatten das Ergebnis, daß Böttger zunächst in einem in der Nähe von Meißen gefundenen sehr feinkörnigen Ton das Material entdeckte, aus dem sich porzellanähnliche, wenn auch braune, Geschirre herstellen ließen. Böttgers mit hervorragendem positiven Wissen und glücklichem Forscherinstinkt ausgestatteter

NEUES PALAIS-SERVICE.

EBRO.
Allegorische Figur aus dem Tafelaufsatze des Herzogs von Wellington
(Geschenk Friedrich Wilhelms III.)

Geist sah hier sofort den Erfolg näher als in der Goldmacherkunst. Es traf sich für ihn besonders glücklich, daß er in dem bekannten Chemiker und Mineralogen Freiherrn von Tschirnhaus eine ebenso verständnisvolle wie nachdrückliche Unterstützung fand, und als man schließlich unter der Beihilfe Tschirnhaus' im sächsischen Erzgebirge bei Aue einen weißen Ton — die richtige Porzellanerde — entdeckte, war das Problem gelöst. Im Jahre 1709 konnte Böttger das erste echte Porzellan seinem Fürsten übergeben. Für den Kurfürsten bedurfte es keines Hinweises, daß die neue Erfindung mit der Kunst, Gold zu machen, vollkommen gleichbedeutend sei. Ohne Zögern gab er Befehl, eine regelrechte Porzellanfabrik einzurichten.

Dem Glücke des Kurfürsten, der alsbald fabelhafte Überschüsse erzielte, folgte der Neid der anderen Großen dieser Erde auf dem Fuße. Nicht List noch Gewalt blieb unversucht, um das Geheimnis der richtigen Mischung der Mineralien, „das Arkanum", an sich zu reißen. Und da es zu allen Zeiten immer nur auf die Menge der Goldfüchse angekommen ist, um schwache Individuen Pflicht und Ehre vergessen zu machen, so kann es nicht in

BRESLAUER STADTSCHLOSS-SERVICE.

Erstaunen setzen, daß das behütete Arkanum bald zu haben war. Eine ganze Reihe von fürstlichen Porzellanfabriken erstand.

In Berlin war es allerdings ein Privatmann, der Kaufmann Wegely, der es unternahm, die erste preußische Porzellanfabrik zu gründen. Er mußte das Arkanum Arbeitern der Porzellanfabrik zu Höchst abkaufen und diese Fabrik selbst hatte es von einem der Wiener Staatsmanufaktur entlaufenen Arbeiter. Das Arkanum war unverfälscht das von Meißen, denn man hat noch 120 Jahre später an der Stelle der ehemaligen Wegelyschen Fabrik in der Neuen Friedrichstraße bei der anläßlich der Erbauung der Stadtbahn notwendig gewordenen Zuschüttung des sogenannten Königsgrabens große Mengen unverbrauchter Porzellanmasse gefunden, deren chemische Untersuchung genau die gleiche Zusammensetzung aufwies wie die Meißener Porzellanmasse jener Zeit. Sogar die von Meißen verwendete sogenannte Schnorrsche Erde von Schneeberg, deren Ausfuhr verboten war, muß Wegely sich zu verschaffen gewußt haben. Es ist daher nicht übermäßig auffallend, daß seine Erzeugnisse, von denen einzelne Stücke im Königlichen Kunstgewerbemuseum zu Berlin und in der keramischen Sammlung bei der Königl. Porzellanmanufaktur uns erhalten sind, gut und einwandfrei waren. Auch die Malerei, sowohl die Blaumalerei unter der Glasur wie auch die Muffelfarbenmalerei gelang ihm ziemlich gut.

ALT-BERLINER KAFFEEKANNE VON 1764.

Als der Bankier und Armeelieferant Gotzkowsky das gescheiterte Unternehmen Wegelys wieder aufgriff, sicherte er sich außer dessen ehemaligem Techniker Reichardt eine Reihe von ersten Meißener Künstlern. Die Gehälter, die er gewährte, müssen uns noch heute als auffallend hoch erscheinen und beweisen jedenfalls, daß er sich des Wertes einer hervorragenden Künstlerschaft bewußt war und nicht sparte, sich eine solche zu schaffen und zu erhalten. Diese Tatsache widerlegt von selbst die üble Nachrede, welche man Friedrich dem Großen hat anheften wollen, daß er nämlich während des Siebenjährigen Krieges Künstler und Arbeiter aus der Meißener Fabrik kurzerhand mit Gewalt in die Berliner Manufaktur habe fortbringen lassen. Der König hat erst sieben Monate nach Abschluß des Hubertusburger Friedens die Manufaktur des Gotzkowsky gekauft und vor diesem Zeitpunkte hatte er gewiß nicht Anlaß noch Interesse, Arbeiter zu entführen. Zu dieser Legende mag wohl der Unmut seiner Gegner über die Besitzergreifung der Meißener Manufaktur während des dritten schlesischen Krieges geführt haben. Aber Friedrich der Große übte nur das Recht des Siegers: die Meißener Manufaktur war Eigentum des Staates und Sachsen war ein erobertes Land.

GALANTER HERR.

Zurück zu Gotzkowsky! Dort finden wir unter Direktor Grieninger als Leiter der Malerei den damals berühmten Emailmaler Jacques Clauce, an der Spitze der plastischen Abteilung den Meißener Bildhauer Elias Meyer. Die Arbeiten dieser Künstler zwingen uns bereits die größte Hochachtung ab und bringen zu beredtem Ausdruck, daß es nicht an ihnen lag, wenn Gotzkowskys Unternehmen scheiterte.

Sofort mit der Übernahme der Fabrik durch Friedrich den Großen im Jahre 1763 nimmt die nunmehrige Königliche Porzellan-Manufaktur einen wunderbaren Aufschwung. Ganz unvermittelt gelangt sie zur vollsten Blüte. Es ist selbstverständlich, daß das Vorbild Meißens auf die junge Anstalt einen gewissen Einfluß ausübte, gleichwohl aber war ihr künstlerisches Schaffen durchaus selbständig und frei. Man kann den Künstlern dieser Zeit kein größeres Lob zollen, als es die beste Porzellankennerin dieser Tage, die Kurfürstin von Sachsen selbst, getan hat. Im Jahre 1769 besuchte sie die Manufaktur, und als der damalige Direktor Grieninger das überreich gezollte Lob durch die Bemerkung „alles Nachahmungen der Meißener Manufaktur" abwehren wollte, da erwiderte sie: „Ja, ja, Sie mögen wohl manches von uns gelernet haben, aber mir kömmt vor, als wenn die Schülerin damit umginge, wie sie die Lehrmeisterin übertreffen wolle".

Der Stil und Geschmack jener Tage war das Rokoko. So begegnen wir denn auch in der Berliner Manufaktur all dem, was zum bukolischen Fest gehört. Die erkorenen Lieblinge sind die galanten Herren und koketten Dämchen, die Schäfer und Schäferinnen, Liebesgruppen, Musikanten. Daneben finden wir aber auch lustige Amoretten, bizarre Allegorien und modisch gezierte Göttergestalten aus der Antike. Betont aber muß werden, daß sich die Berliner Künstler durch die Launenhaftigkeit und Zierlichkeit des Stils nicht zu Entgleisungen verleiten ließen. Übertriebene Süßlichkeit, oder frivole künstlerische Kapriolen sind den Berliner Rokokoporzellanen ziemlich fremd. Es herrscht unverkennbar ein gewisser Zug von kluger Mäßigung und künstlerischer Selbstbeherrschung. So verkörpert die Manufaktur jener Zeit in der Gesamtleistung ihres Schaffens ein Stück

GALANTE DAME.

jenes eindrucksvollen friderizianischen Rokoko, von dem jeder eine unvergeßliche Vorstellung in seine Erinnerung aufnimmt, der je Sanssouci besucht hat. Diese künstlerisch überlegene Beherrschung des zu Extravaganzen so geneigten Zeitgeschmacks ist auch vielleicht der Hauptgrund, daß die Erzeugnisse aus jenen Tagen auch heute noch unserem ästhetischen Empfinden entgegenkommen. Der galante Herr und die galante Dame, welche unsere Bilder (Seite 19) zeigen, atmen zwar ganz und gar den Geist des Rokoko, und doch spricht etwas anmutig Dezentes, etwas diskret Vornehmes aus ihnen, das man bei den „Rokokofigürchen" der landläufigen Sprache im allgemeinen vermissen wird.

Ganz abweichend von dem Geschmack dieser Zeit, von herber Wirklichkeit und derber Kraft sind die Figuren, welche zu dem schon erwähnten Tafelaufsatz gehören, den der preußische König für Katharina II. von Rußland anfertigen ließ. Um die im Krönungsornat thronende Kaiserin scharen sich huldigend die untertänigen Völkerschaften: im ganzen etwa 300 Figuren. Diese kernigen Gestalten haben fast nichts mehr von der spielerischen Geste des Rokoko (Seite 15). Auch andere Einzelfiguren jener Zeit zeigen diese mehr realistische Auffassung.

Der Stil des Rokoko, der nur bewegte Linien kennt, üppige Ornamentik entfaltet, scharfe Konturen vermeidet, und die architektonischen Formen hinter Blätter- und Rankenwerk zurücktreten läßt, dieser Stil der freien ungebundenen Linienführung kam übrigens der noch in der Entwicklung begriffenen Technik jener Tage ganz besonders entgegen. Keineswegs beherrschte die plastische Gestaltung den launenhaften Werkstoff so vollkommen, wie dies heute bei den modernen Arbeitsmethoden der Fall ist.

DREI GRAZIEN.

Keineswegs auch waren die ziemlich primitiven liegenden Öfen, die fast an jeder Stelle des Brennraums eine andere Temperatur aufwiesen und keine rechte Möglichkeit boten, die gewaltige Schmelzhitze nach Bedarf zu meistern, dazu geeignet, ebene Flächen vollkommen rein und ungebrochen gelingen zu lassen.

Zugegeben, daß der Plastiker von heute vielleicht da und dort Veranlassung haben mag, an der Gestaltung der damaligen Erzeugnisse Kritik zu üben, jedoch der malerische Schmuck der Rokokoporzellane ist von unbestrittener Vollkommenheit. In feinberechneter Unregelmäßigkeit werden Ornamente und bildliche Darstellungen über die Flächen der Gegenstände verteilt, ungebrochene, leuchtende Farben geben ihnen eine festlich glänzende Erscheinung, und auch die schimmernde Weise des Materials kommt überall zu ihrer wohlberechtigten Geltung. Der sich hier aussprechende Farbensinn beherrscht in besonderem Maße auch die Blumenmalereien. Sie werden in einer an das Aquarellverfahren sich anlehnenden Ausführung leicht und reizvoll über die Porzellanfläche hingestreut. Charakteristisch ist dabei: einmal die bunte Farbenfreudigkeit, dann aber auch wieder die vornehme Beschränkung auf einen oder doch nur einige Farbentöne. Als solche Einzeltöne werden eisenrot und purpur mit Vorliebe angewandt; unter den Farbenverbindungen sind Töne wie schwarz und gold, violett und gelb oder grau, grün und rosa besonders beliebt. Am bezeichnendsten treten die hohen künstlerischen Eigenschaften der malerischen Ausstattung bei den damals geschaffenen Servicen zutage. Einzelne von diesen sind in ihrer Art unübertroffen geblieben. Das sogenannte „Neue Palais-Service“ und das „Breslauer Stadtschloß-Service“ bilden auch heute noch das Entzücken eines jeden Porzellanliebhabers, und jahraus, jahrein sind rührige Hände am Werke, diese Schöpfungen längstvergangener Tage zu kopieren. Beide Service zeigen Blumensträuße und kleine Blumengewinde zwischen goldenem Zweig- und Gitterwerk, und das beherrschende Schmuckmotiv bildet ein Schuppenornament auf dem Rande der Teller, das bei dem „Neuen Palais-Service“ in Gold auf gemsgelbem Grunde aufgelegt, bei dem „Breslauer Stadtschloß-Service“ in einem leuchtend Dunkelblau ausgeführt ist. (S. Seite 16 u. 17).

---

KÖNIGIN LUISE.
Modell von Schadow.

Neben den glänzenden Leistungen in der friderizianischen Zeit treten die Erzeugnisse der kommenden Stilperiode vielleicht etwas stärker zurück, als sie in ihrer immerhin tüchtigen Arbeit verdienen. Gegen das Jahr 1800 ist ein Geschlecht herangewachsen, dem die Lebensauffassung des Rokoko vollkommen fremd geworden ist. Ein steifes, manieriertes Wesen beherrscht Geschmack und Leben. War man im Rokoko ungebunden und lebenslustig — ist man jetzt gemessen und sentimental. Die Kunst spiegelt den Geist der Zeit, und so muß auch die Porzellankunst dem herrschenden Klassizismus sich fügen. Die Ausdrucksformen dieser Tage, die ihre Motive in der Antike suchen, sind streng und gezwungen in ihrem Rhythmus, kalt und puritanisch in ihrem Ausdruck. Jetzt werden geradlinige, der Architektur entnommene Zierformen gepflegt, griechische, etrurische und kampanische Trinkgefäße werden zu Kaffeetassen umgebildet, ernste Urnen und strenge Säulen werden mit feierlichen Lorbeergehängen und -kränzen umwunden und mit Medaillons nach Art alter Kameen geschmückt. Muß man Figuren bringen, so entnimmt man sie der mythologischen Welt oder den Helden und Weisen des Altertums, wenn man nicht vorzieht, allegorische Darstellungen zu geben. Auch die Farbengebung wird gemessener. Keine zierlich verstreuten bunten Blumen mehr, kein Herz und Sinn erfreuender munterer Zierat. Der spärliche, oft einfarbige Dekor beschränkt sich auf streng regelmäßig geordnete Blumengirlanden, Festons, Draperien. Häufig auch begnügt man sich mit bloßer Vergoldung der Ornamente, und schließlich bevorzugen es die Künstler, ihre griechischen Götter und Helden aus farb- und glanzlosem Biskuitporzellan zu bilden. All das schließt natürlich nicht aus, daß trotzdem auch in dieser Zeit viel wackere Arbeit gedieh. So dürfen wir dem Bildhauer Riese für ein interessantes Werk danken, das wir auch wegen seines geschichtlichen Vorwurfs wertschätzen müssen. Es illustriert die reizende Episode, wie Friedrich der Große seinem Großneffen auf dessen dringliches und unabweisliches Begehren hin endlich den im Scherze weggenommenen Ball zurückgibt mit den Worten: „Dir werden sie Schlesien nicht wieder nehmen."

Eine Serviceform aus dieser Geschmacksperiode, das sogenannte „Kurländer Muster" (hierzu Bild Seite 23), übt noch heute eine ungeschwächte Zugkraft, und unter den damals entstandenen Biskuitfiguren befindet sich eine ganze Reihe zweifellos unter dem Einfluß Schadows, des späteren Direktors der Akademie der Künste, erzeugter Werke: ausgezeichnete Plastiken, die wegen der Reinheit der Formen und ihrer edlen Auffassung unserer vollen Beachtung wert sind. (Siehe Seite 20).

Schadow selbst hat sich für die Manufaktur wiederholt betätigt, scheint aber zu einem unmittelbaren Einfluß auf die künstlerische Leitung der Anstalt nicht gelangt zu sein. Die von ihm erhaltenen Modelle, wie das Standbild Friedrichs des Großen (siehe Titelblatt) und die Büste der Königin Luise, sind durchaus frei von der steifen Manieriertheit des Zeitgeschmacks und machen ihrem Meister alle Ehre.

FRIEDRICH DER GROSSE MIT SEINEM GROSSNEFFEN FRIEDRICH WILHELM

Modell von Riese.

---

Die ersten zwei Dezennien des neunzehnten Jahrhunderts, deren schwere kriegerische Ereignisse das preußische Staatsgebäude bis in seine Grundfesten erschütterten, diese Zeiten, die alle Gemüter auf den Gang der politischen Ereignisse gerichtet hielten, waren nicht dazu angetan, der Kunst und dem Geschmack neue Wege zu eröffnen. So macht sich denn auch erst nach der völligen Niederwerfung Napoleons in den künstlerischen Fortschritten etwas neues Leben bemerkbar, bis der Gründer der klassischen Berliner Schule, Schinkel, Einfluß gewinnt und aus der Strenge des Klassizismus in die gemütlichere Biedermeierzeit hinüberleitet.

Weit weniger imponierend als Ausfluß bedeutenden künstlerischen Könnens, aber um so ansprechender und reizvoller als Spiegelbild des Zeitgeschmacks sind die kleineren Alltagsgegenstände, die damals entstanden: Dokumente einer liebenswürdigen Vergangenheit, die ihr Genügen und Behagen in gepflegter Häuslichkeit und innerer Selbstzufriedenheit fand. Da sehen wir als freundliche Vertreter dieses Bürgergeschmacks niedliche Potpourris, denen der Duft von Rosen und Lavendel entströmt, da sehen wir anspruchslose Schalen und Körbchen mit durchbrochenem Stab- und Flechtwerk, die wir uns nicht anders als mit vollsaftigen, leuchtenden Früchten denken können. Alle diese Porzellane sprechen zu uns von der trauten Poesie des heimlichen Stübchens aus der gefühlvollen Zeit, da der Großvater die Großmutter nahm.

Mit den 40er Jahren beginnt für die Manufaktur eine Zeit künstlerischen Stillstandes und langsamen Verfalls, der noch bis weit in das erste Jahrzehnt des geeinten Deutschen Reiches hinein anhält. Diese Zeit ist so gut wie gänzlich unproduktiv. Auch hier wieder beobachten wir, wie die unsicheren politischen Zustände und die dürftigen allgemeinen Lebensverhältnisse ein Haupthindernis für die künstlerische Entwicklung der Manufaktur bilden, ein Los, das sie allerdings mit dem ganzen deutschen Kunstgewerbe von damals teilt. Krisen in Beamten- und Arbeiterschaft hemmen gedeihliche Arbeit. Große fürstliche Aufträge fehlen. Es fehlt aber auch die eine künstlerisch selbständige Kraft, aus deren geistigem Urquell neues originelles Leben den Organen der Anstalt zufließen könnte. Es fehlt die Persönlichkeit, die überragend und stark genug wäre, der Manufaktur den Stempel ihres Wesens aufzuprägen. So beschränkt man sich denn darauf,

KURLÄNDER TERRINE.

ERINNERUNGSTASSE (Empire).

die alten Muster zu wiederholen, oder man kommt gänzlich auf Abwege und versucht, mit dem Material des Porzellans die Wirkung anderer Werkstoffe, wie farbiger Gesteine und Gläser, nachzuahmen. So verdanken beispielsweise mehrere, einen farbig grünen, blauen oder roten

Grund aufweisende Vasen ihre Entstehung wahrscheinlich der Vorliebe für die farbigen Steinvasen und Steinschalen, die als Geschenke der russischen Verwandten des Königshauses sich in den Schlössern von Berlin und Potsdam befinden.

Die künstlerische Ziel- und Richtungslosigkeit um die Mitte des vorigen Jahrhunderts wurde bereits von der Jury erkannt und gekennzeichnet, welche 1855 auf der Allgemeinen Pariser Ausstellung über die Manufaktur ihr Urteil zu fällen hatte. In dem amtlichen Bericht heißt es: „Von der Jury-Majorität wollte die Geschmacksrichtung, soweit sie der Antike angehört, nicht hinreichend rein und fortgeschritten, soweit sie in den Formen der modernen Kunst beruht, nicht elegant genug befunden werden. Es fehle das Hervortreten eines selbständigen Prinzips, welches jene Formen mit dem Material und dem Gebrauchszweck in harmonische Übereinstimmung versetze. Nicht alles, was in der Zeichnung schön und vollkommen sei, erscheine gleich vollendet, wenn es als fertiges Porzellan dastehe. Ebenso werde die Malerei und Vergoldung zu sehr als Hauptsache behandelt. Der dekorative Zweck derselben gehe in der Masse und Reichhaltigkeit der Ausführung verloren, das Auge irre unruhig über dem Gegenstande und wisse nicht, ob es die Form, oder die Malerei oder aber die Vergoldung als das Wesentliche und Hervortretende zu betrachten habe."

VASE VON SCHINKEL
aus den 40er Jahren.

Diese Kritik fordert Dinge, welche uns heute als selbstverständliche Grundsätze für die Behandlung von Porzellanen gelten. Gleichwohl verhallte der Mahnruf ungehört. Das künstlerische Gewissen schlummerte seinen Dornröschenschlaf noch Jahrzehnte, bis schließlich das öffentliche Interesse aufmerksam ward.

1878 wurde die Manufaktur im Abgeordnetenhaus einer bloßstellenden Kritik unterworfen. Eine Kommission von Künstlern und Kunstkennern — darunter Begas, Ewald,

Jordan, der Direktor der National-Galerie, Lippmann, der Direktor des Kupferstich-Kabinetts, Schöne, der spätere Generaldirektor der Museen, und die Abgeordneten Lasker und Virchow — wurden beauftragt, die Verhältnisse der Königlichen Porzellan-Manufaktur zu untersuchen. Die Kommission leistete gründliche Arbeit. Ihr Urteil über den künstlerischen Stand des Instituts hat sie in einem umfangreichen Protokoll niedergelegt. Ein Zeitdokument! Man kann nur dieses selbst sprechen lassen, wenn man eine rechte Schätzung dafür bekommen will, was seit jenen Tagen sich geändert hat, was seitdem besser werden mußte und besser geworden ist.

Da hieß es denn unter anderem etwa: Man könne sich nicht verhehlen, daß die Leistungen der Manufaktur leider nicht befriedigten. Dies gelte sowohl von den größeren, für Ausstellungen angefertigten Stücken und den reicheren dekorativen Arbeiten, als auch von den für weitere Kreise bestimmten Gegenständen. Die vorhandenen Mängel seien zum Teil darauf zurückzuführen, daß man dem Material Leistungen abnötigen wolle, welche dasselbe nicht hergeben könne. Statt die Vorteile, welche das Porzellan dem Künstler gewähre, zu benutzen, andererseits aber auch die durch die natürlichen Eigenschaften des Materials gezogenen Schranken gewissenhaft zu beobachten, versuche man Dekorationsweisen, welche dem Material widersprächen. Man bestrebe sich, dasselbe durch Farbe unkenntlich zu machen und ihm auch die Form anderer Materialien aufzunötigen. Dergleichen sei freilich für Kräfte, welche der wirklich künstlerischen Begabung entbehren, leichter, als neben den in ihrer Art mustergültigen Leistungen einer früheren Periode dem heutigen Geschmack entsprechend Schönes zu schaffen. Als Beispiele der Verirrungen hebe man hervor: Unglasierte Krüge und Vasen von schwarzer Farbe mit Gold oder farbiger Bemalung, welche durchaus das Ansehen hatten, als ob sie aus gebrannter schwarzer Erde beständen; Rauchservice mit roter Dekoration auf schwarzem Grunde, welche an ägyptische Hieroglyphen erinnern sollten, und ähnliches mehr. Besonders ausgedehnt sei die Fabrikation von Kannen und Krügen, deren Form und Bemalung zum Teil an die Steinzeugkrüge erinnere, welche im 16. und 17. Jahrhundert am Niederrhein verfertigt wurden. Die Formen, welche die Porzellan-Manufaktur benütze, seien zum Teil ursprünglich für die Steinzeugfabrikation angefertigt worden. Ihre Benutzung für Porzellan nehme den Formen die unerläßliche Schärfe und Bestimmtheit, und die zerflossenen blauen und braunen Farben ließen dieselben noch unbe-

PROVINZEN-VASE:
Allegorie der 8 alten preußischen Provinzen,
entstanden 1867.

MODEDAME 1883.
Modell von Römer.

stimmter erscheinen. Die gleichzeitige Anbringung von ausgeführten figürlichen und landschaftlichen Malereien erhöhe den inneren Widerspruch derartiger Arbeiten. Nicht anders verhalte es sich mit den Malereien im Stil der Majolika. An den in dieser Weise bemalten Geschirren seien auch hinsichtlich der Form Mängel und Fehler gefunden worden, welche zeigten, daß es dem Modelleur mehr auf neue als auf stilvolle Formen ankomme. Auch unter den übrigen Fabrikaten fänden sich manche Mängel in der Form und Dekoration. Es werde daher der Vorschlag gemacht, die der künstlerischen Seite der Angelegenheit näherstehenden Mitglieder der Kommission die vorhandenen Warenbestände einer eingehenden Prüfung unterziehen zu lassen und von ihnen Vorschläge darüber zu verlangen, welche Formen und Dekorationen sofort zu beseitigen sein möchten.

Der Maler arbeite nach Kupferstichen, Photographien und verschiedenen anderen Vorlagen, sowie nach früheren Ausführungen desselben Gegenstandes, die keineswegs stets mustergültig seien, und erlaube sich im Kopieren diejenigen Abweichungen, welche das Bestreben, Billiges zu produzieren, angeblich notwendig mache. Offenbar fehle vielfach auch das Verständnis für die Freiheiten und Eigentümlichkeiten der früheren Arbeiten. Im allgemeinen sei die Kommission der Ansicht, daß es notwendig sein werde, durch Unterricht der jüngeren Kräfte für die Zukunft zu sorgen.

Man glaube den Grund der gerügten Mängel zum Teil in dem Umstande finden zu sollen, daß die obere Leitung der Porzellan-Manufaktur sich augenscheinlich in erster Linie für verpflichtet gehalten habe, die in dem Jahresetat der Manufaktur präliminierte Einnahme auch wirklich zu liefern.

Die Kommission sei einstimmig des Erachtens, daß es notwendig sei, das Interesse des Publikums und die Tätigkeit der Manufaktur dadurch neu zu beleben, daß den in derselben beschäftigten Kräften neue Aufgaben gestellt würden.

BOWLE.
Modell von Prof. Schley, Entwurf von Prof. Kips, Dekor von Prof. Miethe.

Solch ein unzweideutiges Urteil konnte seine Wirkung nicht verfehlen und führte denn auch der Manufaktur endlich das belebende Element einer starken künstlerischen Persönlichkeit zu.

Die Berufung fiel auf Sußmann-Hellborn, einen Bildhauer von Rang und Ansehen, für dessen Bedeutung die Figuren an der Rampe des Königlichen Kunstgewerbemuseums sowie einige Marmorskulpturen in der National-Galerie beredtes Zeugnis ablegen. Kaum ein Lustrum währte jedoch seine reformierende Tätigkeit. Krankheit hinderte ihn, von Grund aus aufzubauen. So konnte er nur erste Anregungen, allgemeine Richtpunkte geben, nicht aber vermochte er in dieser kurzen Zeit, einen neuen Geist der Künstlerschaft heranzubilden.

KAMIN VON DER AUSSTELLUNG CHICAGO 1893.
Modell von Prof. Schley, Entwurf von Prof. Kips.

Sein Nachfolger — von Sußmann-Hellborn selbst empfohlen — wurde der Maler Professor Kips. Die stark dekorative, auf großzügige Farbenkompositionen gerichtete Begabung dieses Künstlers wies ihn von vornherein viel mehr auf die Pflege der Malerei als der Plastik hin. Die erstere ließ denn auch seinen Einfluß am ehesten bemerken. Ihre künstlerischen Techniken zeigen bald eine charakteristische Erweiterung. Das Pâte sur pâte-Verfahren und die Verwendung von Email und Reliefgold wird entwickelt. In der Blumenmalerei tritt neben der klassischen stilisierenden und mit ungebrochenem Kolorit arbeitenden Manier als neu eine Ausführung auf, die einer naturalistischen Darstellung nachgeht. In dieser Technik lassen die Farben mit ihren gebrochenen Zwischentönen ebenso den zarten Duft wie die körperliche Gestalt der Blumen ganz ausgezeichnet zur Geltung kommen.

Diese naturalistische Blumenmalerei brachte der Manufaktur großen Erfolg. Ihre Stilleben von Blumen und Früchten dürften allerdings auch damals unübertroffen geblieben sein. Einen rein äußeren Maßstab für die Aufnahme, welche diese Erzeugnisse fanden, mag der Umstand bieten, daß die Zahl der Maler, von denen Professor Kips kaum mehr als zwei Dutzend übernommen hatte, nach und nach auf 150 anwuchs.

Aus dem Drange eines malerischen Talentes entstanden damals auch die zahlreichen Entwürfe für Fliesenbilder, deren große Flächen einer dekorativen Komposition erhöhte Entfaltungsmöglichkeiten boten. Die Ausstellungen, welche Professor Kips veranstaltete, setzten

ZIERGEFÄSS.
Dekor von Flad.

alle Welt in Erstaunen, nicht zuletzt auch wegen der technischen Leistungen, die dabei zu erfüllen waren. Vielleicht wird der Keramiker an den gewaltigen Darbietungen dieser Ausstellungen beanstanden, daß sie weit über das Ziel hinausschossen, das dem Porzellan, als dem edelsten feinkeramischen Material, gesetzt ist. Porzellan ist ein Werkstoff, kein Baustoff. Ganz gewiß! Aber für die Welt bedeuteten diese Ausstellungen ein Ereignis, einen Triumph künstlerischer und technischer Arbeit, von der man nur im Zweifel war, ob man die Kühnheit des Wollens oder die Kraft des Könnens mehr bewundern müsse.

Einen eigenen Stil kannte diese Zeit nicht. So bewegten sich die Erzeugnisse fast ausschließlich im Sinne der guten Porzellankunst des 18. Jahrhunderts. In erster Linie wurde das Rokoko bevorzugt, dessen unbeengte Formenfreiheit dem Naturell des leitenden Künstlers wohl am meisten entsprechen mochte.

---

Die künstlerische Erhebung des ausklingenden 19. Jahrhunderts, welche mit urwüchsiger Kraft alle Gebiete des Kunstgewerbes erfaßte, mußte notwendigerweise auch die Manufaktur bestürmen. Sie fand offene Tore. Einer aus der kampffrohen Münchener Künstlergemeinde, welche zuerst die Streitaxt erhoben hatte, Professor Schmuz-Baudiß, zog in die Manufaktur ein. Seine Arbeiten waren freilich ein Bruch mit allem, was Schule und Konvention bisher gelehrt hatten. Aber wenn man heute die seither entstandenen Werke überschaut und sich gleichzeitig das Protokoll von 1878 in die Erinnerung zurückruft, so wird man sich nicht verhehlen können, daß ein gut Teil der damals gestellten Forderungen sich doch eigentlich erst in den Werken Professor Schmuz-Baudiß' erfüllt hat. Die plastischen Formen sind klar und scharf umrissen. In wohlabgewogener Masseverteilung und Schönheit der Verhältnisse entwickelt jedes Stück seinen Aufbau organisch wie eine Pflanze. Die auf den vorliegenden Seiten 28 und 29 wiedergegebenen Gefäßekörper sind hierfür sprechende Beispiele. Das Maßhalten in der Verwendung einer an sich leicht modellierbaren Masse und die bewußte Betonung der keramischen Form verleiht diesen Werken jene edle Einfachheit und vornehme Ruhe, welche das gemeinsame Merkmal guter Kunsterzeugnisse unserer Tage sind.

Die malerische Behandlung geht davon aus, daß sie bei aller Feinheit nur schmückende Beigabe, nicht Selbstzweck sein darf. Sie sucht daher ihre Wirkung in einer besonders sorgfältig abwägenden Wahl der Farben und in wohldurchdachter Anordnung der Schmuckmotive. Diese werden aus dem Studium der Natur gewonnen und in leichter Stilisierung wiedergegeben. Die Verwendung von matten, filigranartigen Goldornamenten und wie kleine Edelsteine aufgelegten Emaillen gibt den so dekorierten Stücken eine kostbare, aber doch nicht aufdringliche Erscheinung.

Dem Streben nach Betonung der plastischen Form kam die Vervollkommnung der Scharffeuerfarben sehr entgegen. Während nämlich die Malerei auf der Glasur für Flächen sich nicht eignet, da ihre Deckkraft das Spiel der Formen und Flächen zerstört, sind die unter der Glasur verwendbaren Scharffeuerfarben für Flächenwirkungen ideale Farbstoffe. Diese Farben werden auf das leicht vorgebrannte Porzellanstück in unzähligen kleinsten Farbteilchen aufgeblasen und von diesem angesaugt, ehe das Porzellan den Glasurüberzug erhält. Bei dem Schmelzen von Masse, Farbe und Glasur im Garbrande werden die Farben von dem Material so innig aufgenommen, daß das fertige Porzellan eine Wirkung erzeugt, als ob die aufgetragene Farbe der natürliche Ton des Porzellans wäre. In zarter gedämpfter Wirkung dringen aus dem Innern des Materials die Töne der Farben uns entgegen und das in der kristallenen Oberfläche sich brechende Licht verleiht ihnen lebendigen Glanz. Für die Flächenmalerei, wie sie bei Objekten, welche durch ihre architektonische Form wirken müssen, bedingt wird, ist diese Technik der Unterglasurmalerei die einzig gegebene. In der Berliner Manufaktur werden übrigens für die Zwecke der Unterglasurmalerei bisweilen die Umrisse der Zeichnung bereits in die Gipsform eingegraben, die zur Ausformung des Porzellanstückes dient, so daß auf allen Exemplaren des gleichen Entwurfes die Linienführung des Künstlers in voller Treue erhalten ist. Dies könnte nicht der Fall sein, wenn die Übertragung des Entwurfs auf die einzelnen Stücke im Wege der Abzeichnung geschähe.

MODERNES BLUMENGEFÄSS
mit Email- und Golddekor.

BLUMENGEFÄSS
mit durchbrochenem Oberteil in Goldstaffage.

Eine sehr wirkungsvolle Verwendung hat die Unterglasurmalerei auf Wandtellern mit Landschaften gefunden, für deren Motive — stille Waldtiefen, düstere Eichengruppen, weiträumige Seeküsten, verschneite Dörfer und Großstadtarchitekturen — das angewandte Malverfahren mit seinen stimmungsvollen Farben besonders geschaffen erscheint. (Vergl. Seite 53, 63 und 64.)

Professor Schmuz-Baudiß hat es in glücklicher Weise verstanden, sein geläutertes Empfinden für die Porzellanmasse einem ganzen Stabe von Künstlern mitzuteilen, ohne deren künstlerische

BRAUT
aus dem Hochzeitszuge (Tafelaufsatz) von Amberg.

Individualität im mindesten zu beeinträchtigen. Aus solch verständnisvollem Zusammenklang von Materialempfinden und freier Eigenart hat die früher vernachlässigte Figurenplastik einen erfreulichen Aufschwung genommen. Trachtenfiguren der heutigen Zeit, Erscheinungen des modernen Lebens, Tierfiguren, daneben aber auch Kleinplastiken, die — wie die Figuren des Amberg schen Hochzeitszuges — wieder antiker Kunstauffassung sich nähern, bilden die Ausbeute des Bemühens auf diesem Gebiete.

Besonderer Wert wird dabei auf die farbige Behandlung gelegt. Es werden Stücke, bei denen nach der Art der älteren Porzellankunst vielbewegte Flächen vorherrschen und die Einzelheiten der Formen betont sind, mit lebhaften Farben über der Glasur bemalt.

Solche Figuren dagegen, die einfache Umrißlinien und große Flächen aufweisen, erfahren eine ruhige und gedämpfte Farbengebung unter der Glasur. Neuerdings sind auch wohlgelungene Versuche in der Herstellung von Porträtplastiken gemacht worden. Vor allem für die Wiedergabe des Reizes eleganter Frauengestalten und für Kinderbildnisse (Seite 53 u. 58) erscheint das Porzellan durch die Möglichkeiten, die es für die farbige Behandlung bietet, vorzüglich geeignet.

In der neueren Zeit ist Professor Schmuz-Baudiß auch dazu übergegangen, einer Reform der Service seine Aufmerksamkeit zuzuwenden. Das in Abbildungen wiedergegebene „Ceres-Service“ (Seite 60 u. 61), streng in der Form, aber durch einen munteren Vierklang von Farbentönen freundlich belebt, stellt die erste Arbeit dieser Art dar.

BRÄUTIGAM
aus dem Hochzeitszuge (Tafelaufsatz) von Amberg.

Wenn auch die Manufaktur von heute sich zum Wegweiser unserer Zeit berufen fühlt, so denkt sie doch nicht entfernt daran, etwa die alten Traditionen einfach zu verleugnen. Keineswegs. Die guten und schätzenswerten Arbeiten der Vorfahren werden mit gleicher Liebe und Pflege behandelt und wiedergegeben wie Neuschöpfungen. Nur Unkultur und künstlerische Charakterlosigkeit soll dem Orkus der Vergessenheit verfallen sein!

So gewährt die heutige künstlerische Tätigkeit der Königlichen Porzellan-Manufaktur ein mannigfaltiges Gesamtbild: Ihr Schaffen stellt eine seltene Vereinigung von sorgsamer Pflege des Überkommenen und entschlossenem Fortschreiten dar.

Niemals in der neueren Zeit hat die Manufaktur sich durch Gewinnrücksichten zu fabrikmäßiger Herstellung ihrer Kunsterzeugnisse bestimmen lassen. Neben den Rücksichten auf technische Vollkommenheit läßt sie einzig und allein den guten Genius der Kunst walten: sich selbst zur Ehre und einer schönheitsfrohen Menschheit zur Freude.

PRUNKVASE.
Porträt, gemalt von Dürschke.

A
F

DIE PORZELLANFABRIK AM BAHNHOF TIERGARTEN.

# Ein Blick in die Technik

Der geheimnisvolle Nimbus, mit dem die alten Arkanisten ihre Kunst zu umgeben wußten, ist längst zerflossen. Der Geist des Fortschritts hat auch in die „Kunst des Porzellanmachens" hineingeleuchtet und sie zu einer exakten Wissenschaft erhoben, offen für jeden, den Beruf und Neigung ihr zuführen. Damit ist selbstverständlich auch die primitive Einfachheit der ersten Anfänge verloren gegangen, jener Zeit, in der — man darf fast so sagen — die Hauptkunst darin bestand, das teure Arkanum vor fremden Augen zu behüten. Wer heute die chemisch-technischen Grundlagen der Fabrikation durchdringen und praktisch verwerten lernen will, darf sich nicht scheuen, einen steilen Weg ernster Arbeit zurückzulegen.

Doch das hindert nicht, daß auch der Liebhaber des Porzellans eine zusammenhängende Vorstellung haben kann, wie die freundlichen Gegenstände, die er so gern mit seinen Blicken streichelt, Gestalt, Farbe und Aussehen bekommen. Vielleicht kann zu solchem allgemeinen Verständnis ein kurzer Blick in die Herstellung und Behandlung des Porzellans ein wenig beitragen:

Drei Rohstoffe gehören zum Porzellan: Kaolin, Quarzsand, Feldspat.

Kao-lin, die chinesische Bezeichnung für Porzellanerde, ist weißer Ton in der reinsten vorkommenden Form. Die Berliner Manufaktur hat sich den Abbau der Porzellanerde gesichert, welche in der Umgebung von Halle gefunden wird. Wir erblicken in dieser Halleschen Erde ein Abschwemmungsprodukt von den gewaltigen Porphyrmassen der Saaleufer, von

SCHLÄMMEREI VOR 150 JAHREN.

jenen Felsen mit den „Burgen, stolz und kühn", welche die Poesie des deutschen Liedes mehr als einmal verherrlicht hat.

Der Zusammensetzung nach stellt sich die Hallesche Erde als ein Gemisch von Kaolin und Quarzsand dar, in einem Verhältnis, das für die Porzellanfabrikation sich eignet. Das ist ein begrüßenswerter Vorteil, denn man braucht bei diesem glücklichen Umstande nur zwei Rohstoffe zu bearbeiten: die Hallesche Erde und den Feldspat. Letzterer ist ein Mineral, das an verschiedenen Stellen der Erde, besonders in Norwegen und Schweden, in großer Reinheit gefunden wird, und den Hauptbestandteil der Granite und Porphyre bildet.

Ein Wort noch über die chemische Zusammensetzung.

Den überwiegenden Bestandteil der Porzellanmasse bildet der Kaolin; Quarzsand und Feldspat dienen als Magerungs- bezw. Flußmittel, eine Bezeichnung, die aus der Art und Weise, wie sich diese Mineralstoffe dem Kaolin gegenüber verhalten, von selbst klar werden wird. Reiner Kaolin fühlt sich bei der Bearbeitung fettig an, klebt an den Händen, klebt

SCHLÄMMEREIKELLER.

an den Formen. Durch Zusatz von Quarzsand und Feldspat wird dieser Nachteil beseitigt, indem die Fettigkeit des Kaolins vermindert wird; Quarzsand und Feldspat wirken also als Magerungsmittel. Als solche verhindern sie auch eine übergroße Schwindung beim Trocknen und vollends beim Brennen. Die Kaolinteilchen saugen sich — ganz im Gegensatz zu den Magerungsmitteln — während der Bearbeitung voll Feuchtigkeit, und die Folge wäre, daß die Masse beim Brennen sich allzusehr zusammenziehen und zerspringen würde, wenn nicht die allüberall gleichmäßig verteilten Magerungsmittel die Zusammenziehung vermindern würden. Zu gleicher Zeit, beim Brande nämlich, zeigen sie auch ihre Wirksamkeit als Flußmittel. Bei den Temperaturen, welche im Porzellanofen herrschen, ist der Kaolin nicht schmelzbar, wohl aber Quarzsand und Feldspat. So geschieht es denn, daß diese Mineralien im Brande in Fluß geraten, sich vereinigen und die Kaolinteilchen von allen Seiten so vollkommen umgeben, daß sie mit ihnen zusammen nach dem Erstarren eine einzige Masse bilden: das Porzellan.

Nun zu den Arbeitsvorgängen. Die Porzellanerde, wie wir gehört haben, aus der chemischen Zersetzung von Gesteinsmassen entstanden, ist in der Natur mit Sand und Mineralstoffen reichlich vermischt. Diese Unreinigkeiten werden durch Schlämmen beseitigt, ein Vorgang, der auf der Erfahrung beruht, daß in einer wässerigen, ruhig dahingleitenden Masse die festen Bestandteile je nach ihrem spezifischen Gewicht getrennt und früher oder später abgesetzt werden können, so daß nur die allerfeinsten Teilchen über längere Strecken fortgeführt werden.

KOLLERGANG.

In der Berliner Manufaktur wird die rohe Hallesche Erde zu allererst grob zerkleinert. Dann wird sie von einem Rührwerk aufgenommen, das unter Einwirkung zufließenden Wassers die groben und feinen Bestandteile lockert und trennt. Durch einen Abfluß gelangt das mit Erde durchsetzte Wasser als Schlamm in ein System von Rinnen, durch welche es sich langsam hindurchschiebt und dabei zunächst seine groben und späterhin auch seine weniger groben Bestandteile zurückläßt. Am Ende der Rinnen ist noch ein tiefer Kasten angebracht, in dem der schon mit geringen Mengen Kaolin durchsetzte Sand, welcher als sogenannter Schluff für gewisse keramische Zwecke Verwendung findet, sich ablagert. Dann wird die Flüssigkeit in die „Absatzkästen" geleitet. Dort nun können sich auch die feinen Bestandteile absetzen, was dann geschehen ist, wenn das überstehende Wasser vollkommen klar geworden. Nach Ablassen des klaren Wassers bleibt die gereinigte Hallesche Erde. Es fehlt also nur, sie mit

TROMMELMÜHLEN.

FILTERPRESSEN.

MASSESCHLAGMASCHINE.

Feldspat zu vermischen. Dieser ist inzwischen auf schweren Kollergängen grob zerkleinert und in rastlosen Trommelmühlen staubfein zerrieben worden. In einem bestimmten Verhältnis wird er jetzt der Halleschen Erde beigegeben, mit dieser kräftig zusammengerührt, durch ein feinmaschiges Sieb geschlagen und schließlich als fertiger Masseschlamm in Vorratsbassins geleitet. Nicht für lange. Denn die Kraft einer Pumpe saugt den Schlamm alsbald wieder fort und drückt ihn in eine Filterpresse, die ihm so viel Wasser entzieht, daß er zur bildsamen Masse wird. Ein peinlich sauber gehaltener Keller nimmt die Masse auf, die nun dort längere Zeit lagern muß. Die Erfahrung hat nämlich gelehrt, daß sie um so bildsamer und im Brande zuverlässiger ist, je länger man sie dem Lagern überlassen hat. Vor dem Gebrauch muß die Masse, um in allen Teilen gleichmäßig und ohne Luftlöcher und Blasen zu sein, gründlich durchgeknetet werden. Zu diesem Zwecke hat man in früheren Zeiten die Masse getreten oder mit Händen geschlagen. Auch mit Hilfsmitteln von solch technischer Ursprünglichkeit — um nicht zu sagen Hilflosigkeit — wie die nebenstehend wiedergegebene Knetebank, hat man sich die sehr mühevolle Arbeit des Durchknetens der Masse zu erleichtern gesucht. Heutzutage verrichtet diese Arbeit die oben dargestellte Masseschlagmaschine

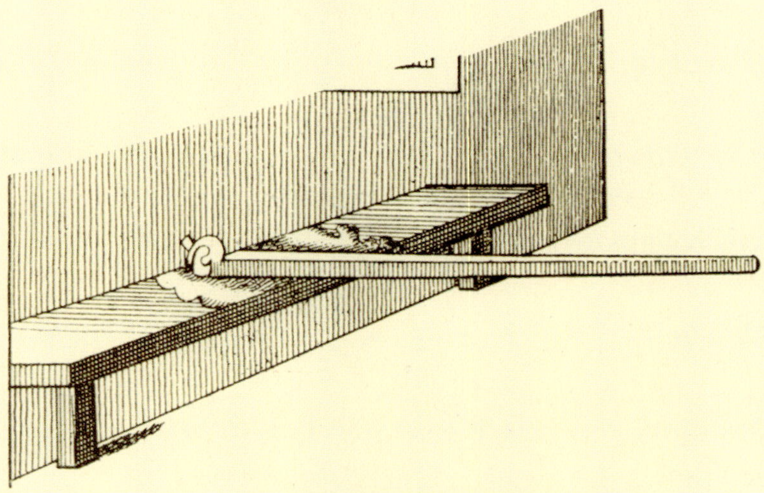

DIE MASSESCHLAGMASCHINE (SOG. KNETEBANK) VOR 150 JAHREN.

rein mechanisch. Und das rascher und gründlicher: Eine bestimmte Menge Masse wird auf einen runden Tisch unter einen Walzengang gebracht, welcher, in Bewegung gesetzt, die Masse zu einem Kuchen formt und diesen in ununterbrochener rascher Folge abwechselnd schmal und breit drückt, also knetet. Die Homogenität einer so behandelnden Masse ist vollkommen.

Für die Gestaltung des Porzellans nimmt man, soweit es irgend angeht, Gipsformen zu Hilfe. Voraussetzung ist hierbei natürlich, daß ein erstes Modell des auszuformenden Gegenstandes vorhanden war, nach dem die Gipsform gegossen werden konnte. Zu diesem, meistens aus Ton oder wachshaltiger Masse hergestellten Originalmodell sind natürlich keine Hilfsmittel vorhanden. Hier, beim Modellieren, ist — wie auf unserem Bilde — ausschließlich die freigestaltende, schöpferische Hand des bildenden Künstlers am Werk. In den wenigsten Fällen wird nun ein Gegenstand so einfach in seiner äußeren Formgebung sich darbieten, daß, wie etwa bei Plaketten, Medaillons, eine einzige Form genügen kann, um das erste Modell wiederzugeben. Meistens muß man das Modell in Teile zerschneiden und jeden Teil in besondere Gipsformen abformen. Dann müssen in mühsamer Arbeit alle aus den einzelnen Formen gewonnenen Teile zusammengebracht und durch verdünnte Porzellanmasse miteinander verbunden werden. Kunstwerke, die aus hundert und mehr solcher Einzelteile zusammengesetzt werden müssen, sind durchaus keine Seltenheit.

BEIM MODELLIEREN.

Die zum Teil bereits ausgeformte Figur des Imperators auf dem Bilde der Gegenseite läßt ganz deutlich die Ansatzstellen der einzelnen Teile, die sich wie Risse ansehen, erkennen. Die freistehenden Gliedmaßen auf der dem Beschauer abgewendeten Seite sind noch nicht angesetzt, sie liegen aber bereits vorbereitet auf dem Werktisch. Es versteht sich von selbst, daß die einzelnen Stücke mit aller Sorgfalt angesetzt und technisch so behandelt werden müssen, daß der Eindruck, die Gesamtfigur sei aus einem Stücke entstanden, nicht geschädigt wird.

Sehr weitgehend ist die Anwendung des Gießens. Die Porzellanmasse läßt sich durch Beigabe von Salzen in einen weniger zähen Zustand versetzen, derart, daß man sie ohne weiteres in Gipsformen eingießen kann. Indem nun der Gips die Feuchtigkeit ansaugt, führt er eine Verdichtung der Masse herbei, die nach kurzer Zeit schon aus der Form genommen werden kann.

Für die Gestaltung runder Geschirre und Gefäße ist die Töpferscheibe, so alt sie auch ist, immer noch ein unentbehrliches Hilfsmittel. Natürlich dient die Töpferscheibe nicht mehr so allgemein wie in alten Zeiten dazu, um das Gefäß als fertigen Gegenstand aus freier Hand hinzustellen, sondern nur um das in vielen Fällen freihändig vorgedrehte Gefäß in die alle Einzelheiten des zu gestaltenden Stücks im Negativ wiedergebende Gipsform einzudrehen. Die Töpferscheibe, früher ausschließlich mit dem Fuße betrieben, macht sich natürlich heute auch die maschinellen Antriebsmittel der modernen Technik nach Möglichkeit zunutze.

Die ausgeformten Gegenstände bringen die Geschirrträger in leicht angewärmte Räume, wo sie so lange bleiben, bis sie lufttrocken geworden sind und keine Feuchtigkeit mehr verlieren. Dieser Trockenprozeß dauert verhältnismäßig lange, da er nicht übereilt werden darf. Andernfalls würde die Schwindung der trocknenden Masse zu rasch vor sich gehen, wodurch der Gegenstand sich verziehen oder gar Risse bekommen würde. Sobald nun die „Formlinge" lufttrocken, sind sie geeignet für den ersten Brand, den Verglühbrand. Bei einer Temperatur von etwa $1000^0$ Celsius geht ein schwaches Zusammenbrennen der Porzellanmasse vor sich. Als „verglühter Scherben" zeigt der gebrannte Gegenstand bereits eine ziemliche Widerstandsfähigkeit, obgleich er in seinem Gefüge noch sehr locker und porös ist. Taucht man jetzt das verglühte Stück kurze Zeit in eine wässerige Mischung eines kaolinhaltigen, hochschmelzenden bleifreien Glases, welche als Porzellanglasur bezeichnet wird, so saugt die poröse Masse des Scherbens das Gemenge gierig an, wobei sich das Stück mit einer gleichmäßigen dünnen Glasurschicht überzieht. (Siehe Bild Seite 42.) Das glasierte Stück wird nun einem zweiten Brande, dem Gut- oder Garbrand ausgesetzt. Hier brennt bei etwa $1500^0$ Celsius die Porzellanmasse zu einem dichten, im Lichte durchscheinenden Material zusammen, während die glasartige Decke glatt und durchsichtig aufschmilzt. — Nach Verlassen des Gutbrandes ist das weiße Porzellanstück fertig. Es bedarf dann nur noch des Abreibens des Sandes an den Stellen, welche dem Stücke als Stütze oder Auflage während des Brennens gedient haben. Dieses Abreiben geschieht mit dem Sand- oder Karborundstein.

ZUSAMMENSETZEN EINER PORZELLANFIGUR.

Einer der schwierigsten Teile der Porzellanfabrikation ist der Gutbrand. Es muß in den verschiedenen Zeitabschnitten des Brandes mit rauchendem (reduzierendem) und mit lufthaltigem (oxydierendem) Feuer gewechselt werden, um ein in Masse wie Glasur in jeder Weise technisch einwandfreies Porzellan zu bekommen. Die häufig bei Ausschußware auch dem Laien leicht

GESCHIRRTRÄGER, Porzellanfigur, modelliert von Fritzsche.

auffallenden Fehler, wie matte Glasur, Pocken in der Masse oder Glasur, Mißlingen des weißen Farbtones und ähnliche, kommen alle zumeist von einem nicht richtig geleiteten Brennen her.

Die Steigerung der Brenntemperatur während des Brandes muß zur Vermeidung der eben angeführten Fabrikationsmängel einer ständigen Beobachtung und Kontrolle des den Brand leitenden Aufsehers unterworfen sein. Die Temperaturkontrolle läßt sich im Fabrikationsbetriebe nicht dauernd mit wissenschaftlichen Meßinstrumenten (Pyrometern) durchführen, sondern es müssen dem mit der Handhabung derartiger Apparate nicht genügend vertrauten Arbeiter einfachere technische Hilfsmittel an die Hand gegeben werden. Solche hat die keramische Industrie in den von Prof. Seger, dem ersten Vorsteher der chemisch-technischen Versuchsanstalt bei der Königlichen Porzellanmanufaktur, nach ihm benannten Seger-Kegeln gefunden. Die Seger-Kegel sind der Form nach dreieckige Pyramiden von höchstens 6 cm Höhe, welche sich, sobald sie zu erweichen beginnen, umlegen und dadurch ihren Schmelzpunkt und zugleich die im Ofen herrschende Temperatur anzeigen. Prof. Seger hat die Kegel nach ihren verschiedenen Schmelzpunkten systematisch geordnet, und zwar reichen dieselben von der Temperatur des Stubenofens bis nahezu zur Höchsttemperatur des elektrischen Lichtbogens. Das Verhalten der Seger-Kegel im Brande wird durch ein Schauloch, welches durch das Mauerwerk des Ofens geführt ist, bequem beobachtet.

Zum Brennen der Porzellane dienen Öfen verschiedenster Konstruktion. Entweder benützt man Einzelöfen, sogenannte Rundöfen, oder ein zusammenhängendes System von einzelnen Brennkammern, sogenannte Ringöfen. Die Rundöfen heizt man, je nach den Geschirren, die man brennen will, mit Holz oder Kohlen. Bei den Ringöfen dagegen wird mit einem von Generatoren erzeugten Rohgas

DREHER AN DER ARBEIT. Wandteller in Unterglasurmalerei von Prof. Schmuz-Baudiß.

GROSSDREHER.

BRENNKAMMER EINES GAS-RINGOFENS.

GLASIEREN DER GESCHIRRE.

DER DRITTE STOCK EINES RUNDOFENS.

gebrannt. Unser Bild Seite 41 zeigt eine mit Kapseln halbbeschickte Kammer des anfangs der 70er Jahre in Betrieb genommenen Gas-Ringofens der Berliner Manufaktur. In zwei Reihen sind 22 Kammern angeordnet, denen das Generatorgas durch Kanäle zugeführt wird. Man hat es vollkommen in der Gewalt, durch Schieber und Ventile das Gas jeweils in die zum Brande bestimmten und vorbereiteten Kammern zu lenken, eine Möglichkeit, welche nicht nur die denkbar größte Ausnutzung der Brennwärme gestattet, sondern auch einen ununterbrochenen Betrieb des Ofens und damit eine gleichmäßige Arbeitsabwicklung gewährleistet. Eine Anzahl von Kammern ist zum Verglühen, eine andere zum Gutbrennen bestimmt.

Der Gedanke des dreistöckigen Rundofens ist zum ersten Male — es wurde dessen schon Seite 5/6 Erwähnung getan — in den 90er Jahren des 18. Jahrhunderts verwirklicht worden. Seitdem hat er selbstredend vielfache Verbesserungen in der Konstruktion erfahren. Heute ist besonders der Ofen mit überschlagender Flamme auch in der Privatindustrie allgemein in Gebrauch. Zu ebener Erde gruppieren sich rund um den Ofen in gleichmäßigen Abständen die Feuerungen. Diese Feuerungen münden in den ersten Raum des Ofens, den Gutbrandraum, hinter einer rings um den Raum führenden etwa 1½ m hohen Mauer, der sogenannten Feuerbrücke, von wo aus die Flammen gegen die Gewölbe der Decke schlagen. Von dort zurückgeworfen, wenden sich die Gluten, den Ofeninhalt bestreichend, dem Boden zu, wo sie sich in Kanäle verteilen, welche die Feuergase durch Schächte zum zweiten Raum des Ofens, den Verglühraum, hinaufführen. Die weiter abziehenden Gase erwärmen auch den dritten, obersten Raum, wie einen solchen Seite 42 zeigt, noch genügend, um Chamottekapseln dort anglühen zu können.

MIT TELLERN GEFÜLLTE BRENNKAPSELN.

Diese Chamottekapseln sind zum Schutze der zu brennenden Porzellane unentbehrlich. Es geht nicht an, die Gegenstände so, wie sie sind, in den Brennraum zu bringen. Die Verbrennungsprodukte, welche die Feuergase mit sich führen, würden sie zugrunde richten. Einige aufgeschnittene Kapseln auf dem obenstehenden Bilde machen besser als Worte verständlich, wie die Geschirre untergebracht werden. Bei hohen Gegenständen legt man zwischen eine Grund- und eine Deckkapsel so viel Chamotteringe, als die Höhe des Gegenstandes erfordert. Aus dem Gesagten läßt sich ohne weiteres verstehen, daß die Kapseln von einem Material sein müssen, das viel höheren Temperaturen standhält, als das in ihnen geschützte Brenngut. Man verwendet daher zur Herstellung der Chamotte den hochfeuerfesten Halleschen Ton, dem man zur Verringerung der Schwindung die Chamotte gebrannter, im Gebrauch zerbrochener Kapseln, welche zu bestimmter Korngröße zerkleinert wird, beifügt. Die Möglichkeit, die Kapseln zu Stößen zu setzen, erleichtert die wirtschaftliche Ausnützung des Brennraumes.

---

So sehr durch edle und vollendete Formensprache der künstlerische Eindruck des Porzellans gehoben werden kann, der letzte und höchste Reichtum wird ihm doch erst durch das Gewand schöner Farben. Der Farbenschmuck ist das Element, das dem kalten und hart glänzenden Weiß des Porzellans erst einen Hauch warmen, fühlenden Lebens verleiht. Schon in den frühesten Anfängen des Porzellans hat man das Bedürfnis gefühlt, den Reiz der Fläche durch farbenfrohe Akzente zu erhöhen. Die alten Chinesen haben ihre poesievollen Chrysanthemen und schwermütigen Lotosblumen in Kobaltblau auf den verglühten Scherben gemalt, lang ehe eine mißverstandene Wiedergabe das sogenannte Blauzwiebelmuster erstehen ließ.

UNTERGLASUR-TECHNIK
Auftragen von Farbe mittels Spritzapparates auf verglühtes Porzellan.

Es mag vielleicht auffallen, daß wir schon in den ersten Zeiten der europäischen Porzellankunst Farben von ganz wundervoller Pracht gehabt haben. Gleichwohl war deren Herstellung damals sehr im argen, sie war mehr auf Versuchen als auf sicheren Arbeitsmethoden aufgebaut. Nichts kennzeichnet den Stand der damaligen Farbenfabrikation so gut, als die Klage des Direktors Grieninger über seine Farbenlaboranten: „Die zwei Farbenlaboranten", sagt er, „hatten den besten Willen, aber es fehlte ihnen an Erfahrung. Ihre Versuche mißlangen vielfach, bald hatte das Wetter, bald hatten die Zutaten die Schuld; im Winter konnte wegen der Kälte kein Purpur, im Sommer wegen der Wärme keine hochrote Farbe gemacht werden". Diese Verlegenheit der Laboranten in damaliger Zeit kann uns nicht sonderlich in Erstaunen setzen, denn die Farben sind außerordentlich empfindlich und Zufälligkeiten zu sehr ausgesetzt. Nur auf wissenschaftlicher Grundlage gewonnene exakte Arbeits- und Betriebsmethoden sichern stets gleiche und gute Resultate. Da ist die Zusammensetzung der Flußmittel und der färbenden Substanzen, die Höhe der Brenntemperatur, die Zusammensetzung der Feuergase und noch eine Reihe von anderen Dingen, die der Farbenchemiker alle berücksichtigen muß, wenn er keine Enttäuschung erleben will. Infolge dieser besonderen Schwierigkeiten war die Farbenpalette lange sehr spärlich, und selbst heute noch sind bei den Scharffeuerfarben nur einige Grundtöne vorhanden. Allerdings läßt sich bei diesen durch Mischen eine Reihe von Nuancen erzielen.

FIGURENSTAFFIERER.

Wir müssen einen Unterschied machen zwischen der Bemalung, die unter der Glasur, und solcher, die auf der Glasur vorgenommen wird. Die Bemalung unter der Glasur fordert von dem Künstler wohlüberlegte und sichere Pinselführung, denn der nur vorgebrannte poröse Scherben saugt jeden Pinselstrich sofort an und macht Verbesserungen nur schwer möglich. Daß man die Farben sehr häufig mittels eines Gebläses verteilt, ist bereits a. a. O. gesagt worden; das auf Seite 44 wiedergegebene Bild zeigt den Maler in der Ausübung dieser

MUFFELÖFEN.

Technik. In jedem Falle nun wird das bemalte Stück noch einmal verglüht, darauf mit Glasur überzogen und schließlich gut gebrannt.

Im Gegensatz hierzu wird bei der Maltechnik auf der Glasur die Farbe auf das glasierte, bereits gut gebrannte Stück aufgetragen und dann bei einer Temperatur von nur etwa 700° Celsius eingebrannt. Es liegt in der Eigenart der Technik, daß die Unterglasurmalerei, weil sie mit

BLUMENMALER.

dem Stücke selbst fertiggebrannt wird und darum in dem Porzellan förmlich aufgeht, ein innigeres Verschmelzen der Farben aufweist, als dies bei den auf der Glasur bemalten Stücken der Fall sein kann. Daher also vernehmen wir in der Unterglasurtechnik nur zartklingende, unaufdringliche Töne, während die Malerei auf der Glasur durch die blendende Leuchtkraft und Schwere ihrer Farbentöne auffällt.

Eines unserer Bilder auf der Vorseite zeigt eine Reihe nebeneinanderstehender Muffelöfen und läßt uns erkennen, wie die bemalten Gegenstände mittels Stützen übereinander geschichtet werden. In dem schwachen Muffelfeuer wird die Glasur nicht erweicht, sondern es schmilzt nur das in der Farbe enthaltene Flußmittel. Die aufgelegte Farbe verbindet sich darum auch nur

KRISTALLGLASUR.

oberflächlich mit der Glasur. Man kann sich hiervon meist schon durch einen prüfenden Blick, sicher aber durch das Gefühl der Fingerspitzen überzeugen.

Die Technik der Muffelfarben ist die am meisten gebräuchliche und entwickelte, die Palette ist hier außerordentlich reich. Dem Maler bietet die Muffelfarbe den Vorteil, daß sie schon in ungebranntem Zustand einen Ton zeigt, der dem aufgebrannten ähnlich ist. Die eigentliche Farbenwirkung, deren Glanz und Tiefe entstehen natürlich auch hier erst im Ofen. Kann die Kraft und Wirksamkeit der Muffelfarben auch nicht mit jener der Scharffeuerfarben wetteifern, so wird die Muffelmalerei doch auch fernerhin ihren alten Rang behaupten, denn für gewisse künstlerische Zwecke ist sie nun einmal die gegebene Technik, und sie ist auch — betriebstechnisch betrachtet — am einfachsten. Die höheren Kosten der Scharffeuertechnik, welche sich vor allem durch zahlreichen Ausfall beim zweiten Gutbrand ergeben, weisen von vornherein darauf hin, daß diese Dekorationstechnik nur für besonders kostbare Porzellane in Betracht kommen kann.

Erwähnung verdient hier auch die Dekorationstechnik der Masse auf Masse, der sogenannten Pâte sur pâte-Malerei. Bei diesem Verfahren werden auf dem mit einem Überfang farbiger Masse überzogenen verglühten Stück die schmückenden Darstellungen mit farbloser dünnflüssiger Porzellanmasse durch Auftrag mit dem Pinsel in zahlreichen feinen Schichten hervorgebracht. Es entsteht dann, nachdem dieser Auftrag nochmals verglüht, das Stück glasiert und dann im Gutfeuer fertiggebrannt ist, ein reliefartiges Bildwerk, an dessen dünneren Stellen der farbige Untergrund durchscheint und so der Darstellung Zartheit und körperliche Rundung zugleich verleiht.

Eine besondere Kunst des Chemikers ist die Behandlung des Porzellans mit gefärbten Glasuren, unter denen die tiefblauen, sowie die violetten und roten Kupferglasuren hervorragen. Vor allem die dunkel oder hellblutroten sogenannten chinesisch-roten Glasuren bilden ein bevorzugtes Erzeugnis. Technisch besonders eigenartig sind die sogenannten Kristallglasuren. Man hat in dieser Technik Zinkoxyd oder Titansäure haltige Glasuren, in denen nach dem Brande die genannten Substanzen in ihre Kristallformen sich ausscheiden. Dieses Kristallisieren der Glasur beim Abkühlen ist

PÂTE SUR PÂTE-MALEREI.

den verschiedensten Zufälligkeiten unterworfen, so daß an einer Stelle des Gefäßes mehr oder weniger gut ausgebildete Kristalle erscheinen, während sie an anderer Stelle vollständig fehlen und dort die Glasur allein in Erscheinung tritt.

---

Wir sind zu Ende. Wir taten einen Blick in die Werkstatt des Künstlers, geleiteten den Techniker in seinen Betrieb und sahen die einzelnen Phasen der Arbeit an uns vorüberziehen. Aber es durften nur flüchtige Bilder sein, wenn der Hauptzweck, ein abgerundetes Gesamtbild der Produktion zu zeigen, nicht verloren gehen sollte. So blieb manche Lücke ungefüllt. Sollten aber trotzdem diese wenigen Zeilen hier und da Interesse geweckt oder gar den Wunsch nach Vertiefung des gewonnenen Einblicks wachgerufen haben, so sei eine Besichtigung des Manufakturbetriebs an Ort und Stelle recht angelegentlich empfohlen. Die Königliche Manufaktur ist keineswegs ein mit allen Siegeln des Geschäftsgeheimnisses verschlossenes Heiligtum. Wer nur immer Lust und Freude für das edle Porzellan empfindet, ist ein willkommener Gast und findet ein offenes Tor.

# Die Marken

Den Freunden des Berliner Porzellans dürfte eine kurze Geschichte der königlichen Fabrikmarken nicht unwillkommen sein.

Das älteste Zeichen der preußischen Staatsmanufaktur ist das von Friedrich dem Großen zur Kennzeichnung der Waren und zur Führung im Dienstsiegel verliehene Szepter. Der König hat bei dieser Verleihung wohl das Szepter des alten kurbrandenburgischen Wappens im Auge gehabt, als Gegenstück zu den Meißener Schwertern, welche dem kursächsischen Wappen entnommen waren.

Die Ausführung der alten Szepter-Marke läßt jede Einheitlichkeit vermissen. Die aus freier Hand blau unter der Glasur gemalten Zeichen weichen, schon wenn sie von ein und derselben Hand herrühren, untereinander ab, sie nehmen aber vollends eine ganz andere Gestalt an, sobald ein anderer Maler den Pinsel führt. Immerhin lassen sich gewisse Typen der Ausführung feststellen, von denen in der Zeit von 1763 bis 1837 die nachfolgenden die geläufigsten sind:

von 1763 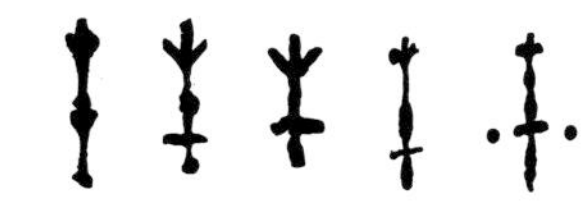 bis 1837

Das Szepter mit den zwei Punkten findet sich nur in den ersten Monaten des Jahres 1837.

Der Szepter-Marke begegnen wir übrigens auch auf den Erzeugnissen der von der Porzellan-Manufaktur 1817 abgetrennten Gesundheitsgeschirr-Manufaktur, deren wir bereits im geschichtlichen Teil Erwähnung taten. Auf den unbemalten Gesundheitsgeschirren erscheint das Szepter blau oder braun unter der Glasur, auf den bemalten grün auf der Glasur.

Um das Jahr 1835 finden wir neben der blauen Szepter-Marke einen in das Porzellan farblos eingeprägten Stempeldruck: K. P. M. mit darüberstehendem Szepter.

K.P.M. seit 1835

Dieser wird aber von 1837 ab nur mehr für Platten, Lithophanien und einzelne andere Gegenstände in Anwendung gebracht. Wohl aber wird dasselbe Zeichen in einer leicht abgeänderten Form

von 1837  bis 1844
KPM

blau unter der Glasur als allgemeines Warenzeichen weitergeführt.

Diese Marke war die erste, welche mittels eines Farbstempels auf die Geschirre übertragen wurde. Sie mußte schon nach 7 jährigem Gebrauch aufgegeben werden, weil eine private Manufaktur sich dasselbe Zeichen angeeignet hatte, mit dem einzigen kaum bemerkbaren Unterschied allerdings, daß sie an der Stelle des Szepters einen dicken Strich führte. Auf dieses eine unterscheidende Merkmal muß bei Vorkommen der Marke besondere Rücksicht genommen werden.

Es folgte nun die Adlermarke über den Buchstaben KPM,

von 1844  bis 1847

welche man schon nach drei Jahren wieder abänderte, indem man den preußischen Adler mit der in Kreise eingeschlossenen Schrift „Koenigliche Porzellan-Manufactur" umgab.

von 1847  bis 1849

Abermals ist es die Rücksicht auf ähnliche Zeichen der Privatindustrie, welche schon zwei Jahre später dazu führte, über der bestehenden Marke noch das Szepter anzubringen.

von 1849  bis 1870

In der Praxis des Betriebes erwies sich jedoch dieses verhältnismäßig große zweiteilige Zeichen — obwohl es ebenso wie das im Jahre 1847 eingeführte in zwei Größen angewendet wurde — als wenig vorteilhaft. Bei Stücken, welche für die Anbringung der Doppelmarke nicht günstigen Raum boten, ließ man ebensowohl einfach das Szepter weg, zeichnete also nur mit der Adlermarke, wie man auch gelegentlich wieder, der Zweckmäßigkeit folgend, das Szepter allein aufdrückte. Übrigens kommen auch mit dem Pinsel aufgetragene Szepter in dieser Zeit wieder vor.

Die Verwechslungsmöglichkeit der Adlermarke mit ähnlichen Marken der Privatindustrie wurde durch den Umstand erhöht, daß die Einzelheiten der Marke bei Anwendung des Kobaltoxyds je nach der Stärke des Feuers mehr oder weniger ineinanderflossen, so nur ein verschwommenes Gesamtbild der Marke bietend. Und da dieser Übelstand, weil in der Technik begründet, nicht zu beseitigen war, so beseitigte man schließlich die Marke selbst und griff auf die ursprüngliche Marke, das Szepter, zurück. So hatte man endlich das für die Manufaktur charakteristische und seinem historischen Inhalte nach unersetzliche Zeichen wiedergefunden.

Seit 1870 besteht diese Marke unverändert.

Für besondere keramische Erzeugnisse der chemisch-technischen Versuchsanstalt bei der Königlichen Porzellan-Manufaktur sind seit 1882 zwei eigene Zeichen angenommen worden, und zwar:

für das nach seinem Erfinder benannte Seger-Porzellan, ein weiches, besonders transparentes Porzellan von außerordentlich zartem, gedämpftem Weiß; ferner

für Steingut mit bleifreier Glasur.

Die bisher aufgeführten Marken erscheinen mit alleiniger Ausnahme des um das Jahr 1835 in Aufnahme gekommenen farblosen Stempeldruckes sämtlich in blauer Farbe unter der Glasur. Die Anbringung erfolgt stets an unauffälliger Stelle, daher meist unten am Boden des Gegenstandes.

---

Für bemalte oder vergoldete Stücke ist neben der Geschirrmarke eine besondere Kennzeichnung des Ursprungs des Dekors erst von 1803 ab nachweisbar. Zunächst nur bis 1813. Das Malereizeichen war in diesen 10 Jahren

von 1803 bis nach 1813

—

ein kleiner Strich, blau auf der Glasur.

In der Zeit von 1814 bis 1820 wird ein Malereizeichen vermißt.

Erst 1821 findet sich der kleine Strich wieder. In dieser Zeit

von 1821 bis etwa 1823

—

rot auf der Glasur.

Als nächstes Zeichen finden wir, rot auf der Glasur, den preußischen Adler über den Buchstaben KPM. Dies ist in der Zeit

von etwa 1823  bis 1832.


Dann folgt, von 1832 ab,

KPM

die heute noch bestehende Malereimarke,

darstellend den Reichsapfel über den Initialen KPM.

Die Farbe der Marke ist für alle in Muffeltechnik dekorierten Stücke — wie seit 1821 — das sogenannte Muffelrot. In der neuesten Zeit — seit Frühjahr 1913 — allerdings wird durch ein grünes Zeichen auf der Glasur eine besondere Unterscheidung vorgenommen. Mit dem grünen Reichsapfel werden nämlich solche Geschirre gezeichnet, welche nur Randdekor tragen. Diese Maßnahme bezweckt, daß eine außerhalb der Manufaktur von privater Seite in randverzierte Geschirre eingetragene Bemalung — wie solche nicht selten vorgenommen wird — späterhin als unberechtigter Zusatz untrüglich erkannt werden könne.

In der ersten Entwicklungszeit der Unterglasurtechnik haben die ausgeführten Arbeiten keine Malereimarke erhalten. Sie trugen also lediglich die Geschirrmarke. Seit einer Reihe von Jahren sind aber auch diese Arbeiten dadurch, daß sie den Reichsapfel, und zwar der gegebenen Technik entsprechend, ebenso wie das Szepter in Kobaltblau aufweisen, als Unterglasur-Erzeugnisse der Malerei zu erkennen.

Aus Anlaß des 150 jährigen Bestehens der Anstalt erhielten während des Jahres 1913 alle dekorierten Stücke, gleichviel ob nach alten oder neuen Modellen angefertigt, neben den üblichen Zeichen noch die

Jubiläumsmarke.

Um mit dem Hinweis auf das Alter der Anstalt zugleich das Andenken des Königlichen Gründers zu ehren, zeigt sie die verschlungenen Initialen des Fridericus Rex inmitten der Jahreszahlen 1763 und 1913. Gleich der alten Malereimarke, dem Reichsapfel, ist auch die Jubiläumsmarke in drei Farben zu finden:

in Rot auf allen in der Muffel eingebrannten Techniken,
in Grün auf Geschirren mit Randdekor,
in Blau unter der Glasur auf den im scharfen Feuer eingebrannten Malereien.

Durch die Jubiläumsmarke wird den Erzeugnissen des Jahres 1913 ein ganz besonderer historischer Stempel aufgedrückt. So dürften einstmals in künftigen Tagen die Jubiläumsporzellane seltene und geschätzte Wertobjekte sein, um so mehr, als ihrer nur eine kleine Menge, die Ausbeute eines einzigen Jahres, welche sich überdies in alle Welten zerstreute, entstanden ist.

DAS KÖNIGLICHE SCHLOSS ZU BERLIN.
Unterglasurmalerei von Prof. Schmuz-Baudiß.

PRINZ WILHELM VON PREUSSEN.
Modell von Pagels.

DER BERLINER DOM.
Unterglasurmalerei von Prof. Schmuz-Baudiß.

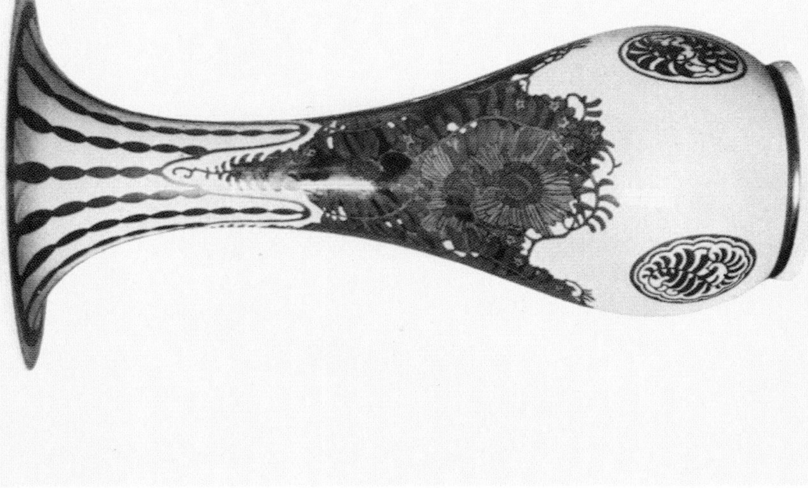

VASE
Dekor von Flad.

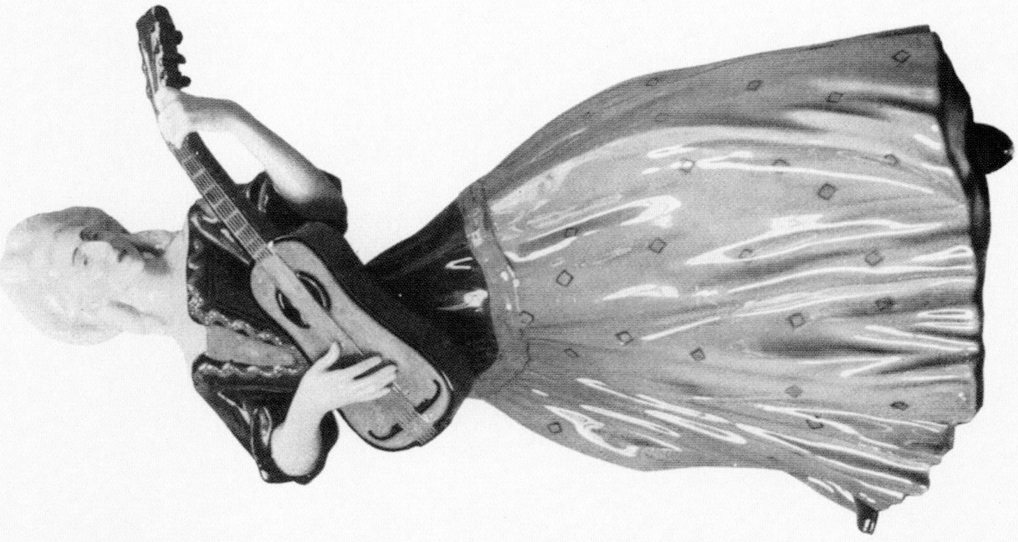

KABARETT-SÄNGERIN
Modell von Hubatsch.

KANNE
Dekor von Flad.

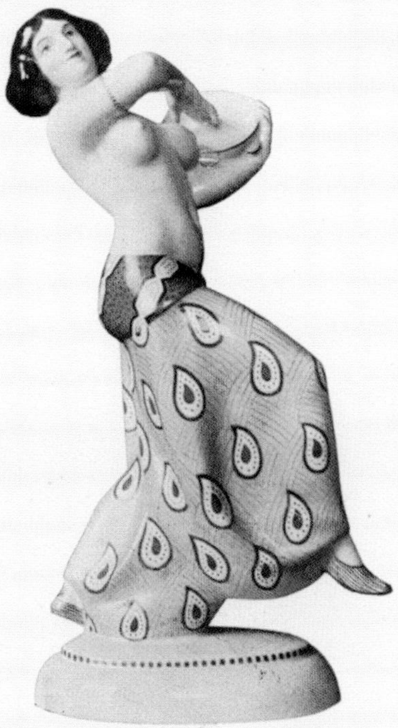

PERSISCHE TÄNZERIN
aus dem Tafelaufsatze von Amberg.

KENTAUR MIT JUNGEM BACCHUS
Modell von Widemann.

NEGER
aus dem Tafelaufsatze von Amberg.

WEIHNACHTSTELLER von Dürschke.

TIERBILDER, modelliert von Robra.

PORTRAITSTATUETTEN von Hubatsch.

WANDTELLER von Flad.

KÖNIGSTIGER, Modell von Puchegger.

TOILETTEN-SERVICE von Schröder.

DECKELGEFÄSS
Dekor von Flad.

TERRINE ZUM CERES-SERVICE
von Prof. Schmuz-Baudiß.

TAFELAUFSATZ ZUM CERES-SERVICE
von Prof. Schmuz-Baudiß

EISBÄR
Modell von Wernekinck.

ZEBRAGRUPPE
Modell von Puchegger.

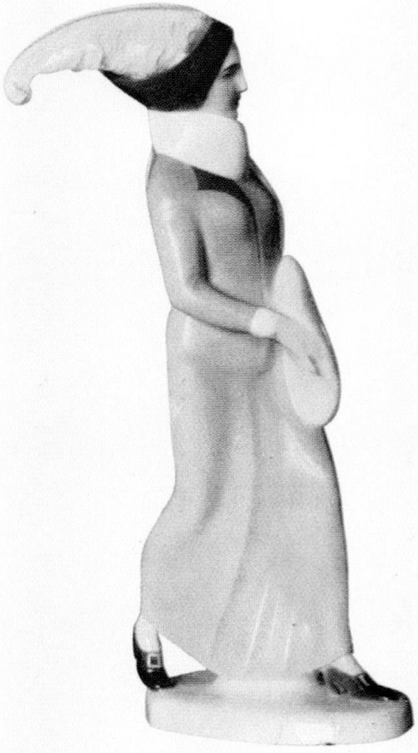

MODE 1911
Modell von Hubatsch.

JAPANERIN
aus dem Tafelaufsatze von Amberg.

DACKEL
Modell von Robra.

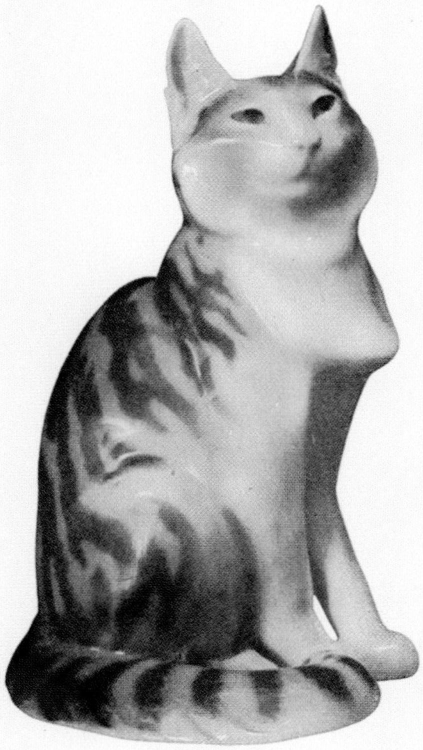

HAUSKATZE
Modell von Puchegger.

NEPOMUCKBRÜCKE
Unterglasurmalerei von Türcke.

LAMPE, Dekor von Stanke.

LANDSCHAFTSTELLER, Unterglasurmalerei von Prof. Schmuz-Baudiß.

FLORA von Prof. Schley.

LANDSCHAFTSTELLER von Menzel.

DECKELGEFÄSSE mit Dekor von Flad.

MOKKA-SERVICE, Dekor von Schröder.

UHR. Modell von Kamp, Dekor von v. Trzaska.

OSTEREI
Dekor von Prof. Miethe.

DOSE
Modell von Kamp, Dekor von Prof. Miethe.

OSTEREI
Dekor von Prof. Miethe.